IFLA公共図書館サービスガイドライン 第2版
― 理想の公共図書館サービスのために ―

クリスティー・クーンツ, バーバラ・グビン 編
山本順一 監訳
竹内ひとみ, 松井祐次郎, 佐藤久美子, 奥田倫子, 清水茉有子, 粟津沙耶香, 小林佳廉訳

日本図書館協会

IFLA Public Library Service Guidelines 2nd, completely revised edition

This publication was originally published as

IFLA Public Library Service Guidelines, 2nd completely revised edition
(IFLA Publications 147)
Edited by Christie Koontz and Barbara Gubbin

2010 in English by The International Federation of Library Associations and Institutions (IFLA), The Hague, The Netherlands

Rev. ed. of : The public library service / prepared by a working group chaired by Philip Gill on behalf of the Section of Public Libraries, 2001.

Name of translator: Hitomi Takeuchi and Junichi Yamamoto
Organisation of translator/Licence: Japan Library Association

The text of this document has been translated into Japanese and differences from the original text may occur. This translation is provided for reference purposes only.

IFLA公共図書館サービスガイドライン ： 第2版 ： 理想の公共図書館サービスのために ／ クリスティー・クーンツ，バーバラ・グビン編 ； 山本順一監訳 ； 竹内ひとみ［ほか］訳．－ 東京 ： 日本図書館協会, 2016．－ 210p ： 21cm．－ IFLA Public Library Service Guidelines, 2nd, completely revised edition の翻訳．－ ISBN978-4-8204-1513-8

t1. イフラ　コウキョウ　トショカン　サービス　ガイドライン　a1. クリスティー・クーンツ（Koontz, Christie）　a2. バーバラ・グビン（Gubbin, Barbara）　a3. ヤマモト，ジュンイチ　a4. タケウチ，ヒトミ　s1. 図書館（公共）　① 016.2

目 次

まえがき　*11*
はしがき　*13*

1　公共図書館の役割と目的 ——————— 16

1.1　はじめに　*16*
1.2　公共図書館の定義　*16*
1.3　公共図書館の諸目的　*17*
　1.3.1　教育　*18*
　1.3.2　情報　*21*
　1.3.3　人材開発　*23*
　1.3.4　子どもと青少年　*24*
　1.3.5　公共図書館と文化の発展　*26*
　1.3.6　公共図書館の社会的役割　*27*
1.4　変化に対応する公的機関　*28*
1.5　情報の自由　*28*
1.6　すべての人々のためのアクセス　*29*
1.7　地元社会の情報ニーズ　*30*
1.8　地域文化　*30*
1.9　公共図書館の文化的な基礎　*32*
1.10　壁のない図書館　*33*
1.11　図書館建築　*35*
1.12　資源　*36*
1.13　公共図書館の価値　*37*

2 法的制度と財政的枠組み ── 41

2.1 はじめに　*41*
2.2 公共図書館と行政　*41*
　2.2.1 代替案としてとられているもの　*42*
　2.2.2 全国的な情報政策　*43*
　2.2.3 電子政府サービス　*43*
2.3 公共図書館立法　*44*
　2.3.1 関連立法　*46*
　2.3.2 著作権　*47*
　2.3.3 公共貸与権　*47*
2.4 資金調達　*48*
　2.4.1 優先順位　*49*
　2.4.2 協力関係と協働　*50*
　2.4.3 財源　*50*
　2.4.4 利用者に対する課金　*51*
　2.4.5 技術に対する資金確保　*52*
　2.4.6 外部からの資金調達　*52*
2.5 公共図書館の管理・運営　*53*
2.6 公共図書館の運営　*54*
2.7 広報と宣伝　*55*

3 図書館利用者の情報ニーズを満足させること ── 57

3.1 はじめに　*57*
3.2 潜在的な利用者地域住民がどのような人たちかを明らかにする　*58*
3.3 地域社会内部におけるニーズの分析　*60*
3.4 利用者地域住民に対する図書館サービス　*60*

3.4.1　図書館サービスの提供　*60*
　　3.4.2　子どもたちに対する図書館サービス　*62*
　　3.4.3　ヤングアダルトに対する図書館サービス　*64*
　　3.4.4　成人に対する図書館サービス　*66*
　　3.4.5　生涯学習　*66*
　　3.4.6　余暇活動　*67*
　　3.4.7　各種情報サービス　*68*
　　3.4.8　地域社会の各種団体に対するサービス　*70*
　　3.4.9　特定の利用者地域住民から構成される諸集団に対するサービス　*70*
　　3.4.10　地域社会における公共図書館　*73*
　　3.4.11　読書の振興と識字教育　*75*
　　3.4.12　情報リテラシー　*77*
　3.5　利用者地域住民に対する十分な気配り　*79*
　　3.5.1　利用者地域住民の参加　*81*
　3.6　利用者地域住民に対する教育　*82*
　3.7　協力と資源共有　*83*
　　3.7.1　本格的な連携　*84*
　　3.7.2　学校との関係　*84*
　　3.7.3　資源共有　*85*
　　3.7.4　書誌的記録　*85*
　　3.7.5　他の図書館からの借用　*85*
　3.8　電子ネットワーク　*86*
　　3.8.1　利用者地域住民の（インターネットへの）アクセス　*87*
　　3.8.2　リモートアクセス　*87*
　　3.8.3　図書館職員のアクセス　*88*
　　3.8.4　情報ナビゲータ　*88*
　3.9　サービスへのアクセス　*89*
　　3.9.1　サービスポイントの位置　*89*

3.9.2　開館時間　*90*
3.10　図書館の建物　*90*
 3.10.1　図書館の機能　*91*
 3.10.2　図書館の規模　*91*
 3.10.3　図書館として予定すべき空間　*92*
 3.10.4　設計上の特色　*93*
 3.10.5　アクセスしやすい書架　*94*
 3.10.6　サイン　*94*
 3.10.7　図書館の環境　*95*
 3.10.8　電子的および視聴覚設備　*96*
 3.10.9　安全　*97*
 3.10.10　駐車場　*97*

4　資料コレクションの構築　101

4.1　はじめに　*101*
4.2　資料コレクション管理基本方針　*102*
 4.2.1　基本方針の内容　*102*
4.3　資源の範囲　*104*
 4.3.1　図書館資料コレクション　*105*
 4.3.2　情報メディアの形態　*106*
 4.3.3　資料選択の補助ツール　*107*
4.4　資料コレクションの構築　*108*
 4.4.1　資料コレクション形成についての基準　*108*
4.5　資料コレクションの維持に関する諸原則　*109*
 4.5.1　資料の受け入れと除籍　*110*
 4.5.2　閉架書庫に保管される資料　*111*
 4.5.3　図書館間相互貸借　*111*

- 4.6 資料コレクションに関する基準　*112*
- 4.7 電子的情報設備装置に関する基準　*113*
- 4.8 新設図書館のための資料コレクション構築プログラム　*114*
  - 4.8.1 創設段階　*114*
  - 4.8.2 強化段階　*115*
  - 4.8.3 安定段階　*115*
  - 4.8.4 情報コンテンツの制作　*115*
- 4.9 新規受け入れ率と除籍率　*116*
  - 4.9.1 小規模図書館と自動車図書館　*117*
  - 4.9.2 特殊コレクション　*118*
- 4.10 デジタルコレクションの管理　*118*

5 人的資源 — 122

- 5.1 はじめに　*122*
- 5.2 図書館職員のスキル　*122*
- 5.3 図書館職員の種類　*124*
  - 5.3.1 専門職の資格をもつライブラリアン　*124*
  - 5.3.2 専門職の補助スタッフ　*126*
  - 5.3.3 ライブラリーアシスタント　*127*
  - 5.3.4 一定の技能を備えたスペシャリスト　*127*
  - 5.3.5 支援的職員　*127*
  - 5.3.6 図書館職員の構成　*127*
- 5.4 倫理的諸基準　*128*
- 5.5 図書館職員の義務　*128*
- 5.6 図書館職員の配置基準　*129*
- 5.7 ライブラリアンの教育　*129*
- 5.8 研修　*130*

    5.8.1　助言・指導　*131*

    5.8.2　人脈　*131*

 5.9　キャリア形成　*131*

 5.10　労働条件　*132*

    5.10.1　保健衛生と安全　*132*

    5.10.2　問題行動をとる利用者　*133*

 5.11　ボランティア　*134*

6　公共図書館の管理・運営 ——— 136

 6.1　はじめに　*136*

 6.2　管理・運営の技術　*136*

    6.2.1　リーダーシップと動機づけ　*137*

    6.2.2　管理機関および資金供給機関との関係　*137*

    6.2.3　計画策定と基本方針の作成　*138*

    6.2.4　実施計画の作成　*139*

    6.2.5　（環境に優しい）グリーンライブラリー　*140*

 6.3　図書館ネットワークの構築と維持　*142*

 6.4　財務管理　*143*

 6.5　図書館資源の管理・運営　*144*

 6.6　人事管理　*144*

 6.7　図書館システムに関する計画の作成と開発　*145*

 6.8　改革の管理　*145*

    6.8.1　将来に向けての計画の作成　*146*

 6.9　権限の委任　*146*

 6.10　管理運営に用いられる諸手段　*147*

    6.10.1　入念な環境の調査　*147*

    6.10.2　地域社会のニーズの分析　*148*

6.10.3　観察と評価　*149*
6.10.4　パフォーマンス指標　*150*
6.10.5　パフォーマンスの測定　*152*

7 公共図書館のマーケティング ――― 155

7.1　はじめに　*155*
7.2　マーケティングの道具　*155*
　7.2.1　市場調査　*155*
　7.2.2　市場細分化　*157*
　7.2.3　マーケティングミックス戦略　*157*
　7.2.4　プロモーション（販売促進）計画　*159*
　7.2.5　市場評価　*161*
7.3　マーケティングとコミュニケーションに関する基本方針　*161*
7.4　宣伝広告活動　*162*
　7.4.1　メディアを利用する活動　*162*
　7.4.2　地元地域社会に対する支援　*163*
　7.4.3　地元地域社会からの支援の獲得　*163*
　7.4.4　図書館の利益の主張　*164*
　7.4.5　管理機関への働きかけ　*164*
　7.4.6　地元地域の社会生活への参加　*165*

付録1　国際図書館連盟／ユネスコ公共図書館宣言　*167*
付録2　フィンランド図書館法　*171*
付録3　利用者憲章　*177*
付録4　図書館建築に関する基準：
　　　　カナダのオンタリオ州とスペインのバルセロナ市　*180*
付録5　国際図書館連盟の宣言に関する最新情報　*184*

付録6　クイーンズランド州の公共図書館に対する基準とガイドライン　*187*

参考文献　*191*
訳者あとがき　*194*
索　引　*196*

まえがき

　本書は，2001年に公表された『公共図書館のガイドライン』を改訂するものである。以前の版の草案は，国際図書館連盟（IFLA）公共図書館分科会におかれた委員会のメンバーで構成されるワーキング・グループによって作成された。

　公共図書館は，絶えず変化し続ける多数の情報ニーズに積極的に応えるために設けられた，能動的で主要な地域社会の情報拠点（アクセスポイント）である。本書でとりあげたガイドラインは，地元地域社会の文脈と要請を踏まえて，どうすれば少しでもうまく有効なサービスを開発できるか，社会的に意味のあるコレクションを構築できるか，アクセスを提供できる資料種別を構成できるかなど，さまざまな状況におかれている図書館情報専門職に対して助けを与えようとして，つくりあげられたものである。この刺激的で複雑な情報世界において，知識と情報と創造的経験を探し求める図書館情報専門職が成功裏に業務を展開することは大切なことである。わたしたちは，このガイドラインがそのような図書館情報専門職の探求を促進し，究極のところで，図書館がサービスの対象としている地域社会に住む人たちの学習能力と生活の質を高めることを期待している。

　1973年の開始以来進められてきたこのガイドライン作成作業に対して，過去から現在に至るまで，コメントをくださった方々，および寄稿いただいた方々のすべてに感謝をささげたい。とりわけ，本文を執筆するにあたり，現実的事例をお教えいただいた，国際図書館連盟公共図書館分科会のメンバーの方々と，さらに卓越した編集技術を発揮したメンバーのひとりであるジョン・レイク（John Lake）に対して，深甚なる謝意を表したい。本書の編集を手伝い，新しい部分（デジタル・コレクションの構築）の原稿を寄せてくれた，図書館情報専門職で前・フロリダ州立大学大学院生のニコル・ストラウド（Nicole Stroud）にもあ

りがとうと言いたい。また，わたしたちは，ほかの新しい部分を執筆し寄稿してくださった方々，ジャネット・リンチ・フォルデ（Janet Lynch Forde）（情報リテラシー），モニカ・アントネリ（Monica Antoneli）（（環境に優しい）グリーンライブラリー），ローレン・マンデル（Lauren Mandel）（電子政府サービス），ローラ・ブレンクス（Laura Brenkus）（人的資源資料），編集者でもあるクリスティー・クーンツ（Christie Koontz）（マーケティング）にも感謝しなければならない。

多年にわたりこの出版物に示されてきた継続的関心は，図書館がずっとはたらき続けている変転やまない情報世界を反映して，公共図書館にとってガイドラインが必要であるということをあらわしている。このガイドラインが，21世紀においてさまざまな発展段階にある公共図書館にとって適切なものであり，引き続き図書館情報専門職が日々直面している諸課題に対応する際の助けを与えうると，わたしたちは信じている。この改訂版は世界中の公共図書館の発展にかかわっているすべての人たちにささげられるもので，役立てていただけることを確信している。

　　　　　　　　　　編集者として
　　　　　　　　　　クリスティー・クーンツ（Christie Koontz）および
　　　　　　　　　　バーバラ・A・B・グビン（Barbara A.B. Gubbin）

はしがき

　先に公刊した 2001 年版は，今回の新版と同じように，世界中の図書館サービス提供の具体的諸事例をとりあげていた。本書で紹介した諸々の事例は，（公共図書館の）サービス提供の諸事例を包括的にとりあげることを意図したものではないし，また必ずしももっとも突出した諸事例を並べようとしたものでもない。ここで示した諸事例はスナップショットとでもいうべきもので，それらを通じてさまざまな国々に存在する公共図書館で現在どのようなことが行われているかについて，本文で具体的に解説しようとしており，また特定の諸課題に対する考えうるいくつかの解決策を瞥見しようとしている。ここでとりあげた諸事例はえり好みに過ぎるところもあり，他に等しく適切であろう多くの諸事例が存在しうることは，承知している。しかし，これらの諸事例は，間違いなくそれぞれの地域社会における住民利用者のニーズに見合った公共図書館サービスを提供しようとして，世界中でいまなにが実施されているかを実証するものである。また，本書には，現在の公共図書館サービスの実態につき，より詳細な情報へのアクセスを提供すべく，いくつかの新たに行われている試みをあらわしているウェブサイトのアドレスを掲げている。そして，それぞれの章において，関係する情報資源を付け加えている。本書の巻末にまとめただけでなく，それぞれの章のなかのところどころに国際図書館連盟の公刊物の一覧を添えている。巻末には，（オーストラリアの）「クイーンズランド州の公共図書館に対する基準とガイドライン」と「国際図書館連盟宣言　2009 年」に関する最新情報の二つを新たに付録として追加している。

　ここ数年の間に，情報技術が急激に，また大変すばらしい進展をみせ，情報の収集のしかたや表示方法，そしてアクセスのしかたを劇的に変化させた。最近の情報技術と通信技術との発展の間の相乗効果は，1986 年に公表された本

書ガイドラインの初版はもちろん，2001年の改訂版が公表されたときには，ほとんど想像もできなかったような方法で情報へのアクセスができるようになっている。変化のスピードは加速し，そのような変化を継続して可能としている。その活動に影響を受けない分野部門はほとんど存在せず，情報提供を主要な任務とする公共図書館は，その組織とサービス提供のあらゆる側面において根底からの変革を迫られるという課題に遭遇している。

多くの公共図書館が電子革命の挑戦に立ち向かおうとしており，新規で刺激的な方法でサービスを改善する機会を活かそうとしている。しかし，情報通信技術が提供している機会を人々が活用するには，リテラシーやコンピュータを取り扱うスキル，ならびに信頼できる電気通信ネットワークの整備が基本的に満たされなくてはならない前提となる。そこでは情報富裕者と情報貧困者との格差が拡大するというリスクが継続的に拡大し続ける。このような格差は，まさにさまざまな発展段階にある国々の間の問題であるだけでなく，特定の国々の国内にある諸団体や諸個人の間に存在する問題にほかならない。

公共図書館は，すべての人々のこのような地球規模での対話の実現を支援し，しばしば'デジタル格差'と呼ばれるものに架橋するよう誘導するというやりがいのある機会に直面している。公共図書館は，市民の情報アクセスを実現する情報技術を提供することにより，コンピュータ利用に基本的に必要とされるスキルを教えることにより，また不十分なリテラシー能力を向上させるべく戦う事務事業に参加することによって，この課題を達成しようとしている。しかしながら，あらゆる人々が情報アクセスできるという原則を実現するために，公共図書館はまた，たとえば印刷物ないしは口頭により伝えるという伝統を通じてなど，さまざまなやり方で情報を提供する各種サービスの提供を維持し，継続しなければならない。公共図書館は，予想できる限りの将来において，おそらくきわめて重要なものであり続けるであろう。電子情報の世界への入口となることが公共図書館にとっては重要な目標とされるべきではあるが，知識と情報を提供しうるその他の情報世界への扉を閉ざす結果にならないように，できる限りの努力をしなければならない。これらの諸課題が公共図書館に対して

大きな課題を投げかけ,その対応が公共図書館サービスの継続的な実行可能性を決定することになる。以上に述べた助言を心に留め,工夫し,ここで指摘した諸問題に取り組んでほしい。

1 公共図書館の役割と目的

「公共図書館は，地域社会に存在する知識に通じる扉であって，個人と社会的集団が生涯学習を展開し，主体的に意思決定を行い，そして文化的発展を実現するための基本的条件のひとつを提供する。」

(『IFLA/UNESCO 公共図書館宣言』，1994)

1.1 はじめに

本章では，『IFLA/UNESCO 公共図書館宣言1994』(本書の付録1) において明らかにされ，その権限として認められた公共図書館の使命，および目的について，原則的な事柄を述べることにする。検討されるべき主要な諸問題に関しては，後続の諸章において詳細に論じる。

1.2 公共図書館の定義

公共図書館は，世界的規模で発生している現象である。それらは，文化的背景が異なり，さまざまな発展段階にある多種多様な社会に存在している。公共図書館運営の背景がそれぞれに異なることから，必然的にその提供するサービスと利用者にむけられたサービス提供のしかたが異なるけれども，一般に公共図書館の特徴は共通しており，以下のように定義することができる。

公共図書館は，市町村レベル，地域レベル，あるいは全国レベルの政府のいずれか，もしくはなんらかの行政とは異なる形態の地元の組織によって設置され，支援され，資金供給を受ける，コミュニティが運営する組織である。公共図書館は，一定の範囲と水準の情報資源とサービスによって，知識や情報へのアクセスを提供し，生涯学習を助け，想像力をかきたてる作品に親しむことを

可能にする．また，公共図書館は，人種，国籍，年齢，性別，宗教，言語，障害の有無，経済的・職業的な地位，および学歴にかかわらず，すべての地域社会のメンバーが等しく利用することができる．

1.3　公共図書館の諸目的

　公共図書館の主要な目的は，個人や集団がもつ教育や情報，およびレクリエーションや余暇活動を含む個々人の成長にかかわるニーズを充足させるために，さまざまなメディアを用いて，情報資源とサービスを提供することである．公共図書館は，個々人に対して広範で多様な範囲の知識，思想ならびに種々の見解へのアクセスを保障することによって，民主主義社会の発展と維持に資する重要な役割を担っている．

▶フィンランド公共図書館評議会は，「図書館は人々や思想に出会う場所であり，図書館は人々を鼓舞し，驚きを与え，勇気づける」とのフレーズで語られる，フィンランドの公共図書館に対する新しい将来展望についての宣言を明らかにした．

▶オーストラリアのクイーンズランド州においては，クイーンズランド州の公共図書館を対象として，現在の手続きを改善し，実現可能な諸目標を提供するために，「クイーンズランド州公共図書館のためのガイドラインと基準」を策定した．この基準は，公共図書館サービスの運営に責任を負う人たちに対して，'ベストプラクティス'の実行に誘導する手引き書と理解されている（付録6参照）．
　〈http://www.slq.qid.gov.au/info/publib/build/stundards〉

1.3.1 教育

「すべての段階における正規の教育とともに，個別教育と独習による教育の両方に支援を与えること。」

（『IFLA/UNESCO 公共図書館宣言』）

すべての人々に対して，正規の教育と非正規の教育の双方を支援するために，印刷資料とその他の形態，たとえばマルチメディアやインターネット上の情報資料などに掲載されている知識へのアクセスを提供する機関が必要であることが，これまで多くの公共図書館の設置と維持の根拠とされてきたし，依然として公共図書館の中核的目的であることに変わりはない。人々は，生涯を通じて，たとえば学校や大学のような正規の諸機関，あるいは職場か日常生活に関連するいくらか正規の文脈とは違ったところのいずれかにおいて，教育を必要としている。学習は正規の教育の終了とともに終わるものではなく，ほとんどすべての人々にとって生涯にわたって続けられる活動である。ますます複雑さを加えていく社会のなかで，人々はその人生のさまざまな段階において新しいスキルを獲得する必要がある。公共図書館は，このプロセスを支援するうえで重要な役割を担っている。

公共図書館は，正規および非正規の学習過程を支援するために，適切なメディアで表現された資料を提供しなければならない。また，公共図書館は，人々が学習できる施設設備を提供するとともに，利用者に対してそれらの学習資源を効果的に利用できるよう援助しなければならない。情報にアクセスできること，そしてそれを効果的に利用することは，教育が所期の成果を収めるうえでとても大切なことであり，可能な場合には，公共図書館は情報資源の利用のしかたを他の教育機関と協働して教えるべきである。正規の教育を支援するために適切な（学校）図書館施設をもつところでは，公共図書館はそれらを補完しなければならない。

また，識字能力は教育と知識の基礎であり，図書館情報サービスの利用の前提なので，公共図書館は識字と情報リテラシーの推進とその教育を積極的に支

援しなければならない。新たに識字能力を身につけた人々は，みずからのスキルを維持し発展させるために，適切な情報資料とサービスに容易にアクセスできることが必要である。

　世界の国々のなかには，教育を発展させることの必要性が何にもまして大切なものと考えられ，公共図書館の主要な役割が正規の教育の支援にあるとされるところがある。しかしながら，多種多様な方法を駆使して，公共図書館は正規の教育と非正規の教育の両方を支援することができる。どのようにすればそのような公共図書館の役割が達成できるかについては，地域社会の状況と関係する諸資源がどれだけ利用できるかに依存している。

▶シンガポールでは，明確に宣言されているところによれば，公共図書館サービスの使命は，「豊かな知識を誇る将来性のある社会を推進するために，信頼に値し，身近に利用でき，地球規模でつながる図書館情報サービスを提供すること」とされている。
▶多くの人々が十分な居住空間をもたず，勉強するのに必要な電気も供給されていない南アフリカでは，公共図書館はまず何よりも学習に必要な基礎的設備，電灯，机や椅子を提供することが最優先とされる。
▶世界の国々のなかには，公共図書館と学校図書館の両方の機能を併有するなど，多機能を発揮する図書館が必要とされるところがある。イングランドでは，公共図書館の小規模な分館が大規模な学校図書館の役割を兼ね備え，それがひとつのレジャー施設のなかに設置されているものがある。アメリカ合衆国には，ときに大学図書館と公共図書館を兼ね備えた図書館がある。具体的には，カリフォルニア州のサンノゼ中央図書館やテキサス州トンボールにあるハリス・カウンティ図書館などがあげられる。
〈http://www.hcpl.net/location/tomball-colleg-community-library〉
▶学校図書館がほとんど存在しない，ベネズエラのアマゾナス州では，農村部の公共図書館は児童生徒と教師に対する援助にサービスを集中している。

- スペインのバルセロナ州では，いくつかの図書館はカタロニア放送大学に在籍し遠隔学習をしている学生に対して図書館サービスの手をさしのべている。
- オーストラリアのクイーンズランド州では，ゴールドコースト市議会が運営する移動図書館は，地理的に孤立している小学校を訪れ，サービス対象としている。
- ノルウェーの図書館は，さまざまな年齢水準の教育に適合したインターネット上の情報資源にリンクを張り，索引機能を付した優れた品質のウェブサイトを構築した。
- アメリカ・ニューヨークのクイーンズバラ公共図書館やデンマークのコペンハーゲン公共図書館のような大都市の図書館では，館内に特別に設計された学習センターを設置し，利用者に提供している。これらのセンターには，教育資料やコンピュータの利用のしかたを教える職員が配置されている。
- ロシア連邦のアストラカン地域児童図書館は，若い利用者たちとオンラインで連絡をとりあっている。利用者たちから寄せられた質問等は，適切な部署に転送され，24時間以内にそれらのリクエストを処理するという目標が掲げられている。現在では，同図書館から遠く離れたところに住んでいる人たちが，必要とする図書や雑誌を利用できるようになった。

  〈http://www.goroganin.info/index.php?id_a=733〉

- 'エントレリブロス'（*Entrelibros*）（書物の間）というのは，スペインのエクストレマドゥラ自治政府が推進している利用者と書物のネットワークである。

  〈http://plataformadelectores.org〉

- オーストラリアのクイーンズランド州では，公共図書館は，小学校高学年の児童と中学生に対して，図書館に組織された宿題支援クラブを通じて，宿題解決にかかわる情報資源の提供とそのための援助を行っている。また，インターネット上の宿題支援サービスも利用することができる。

  〈http://netlinks.slq.qld.gov.au〉

1.3.2 情報

「公共図書館は，その利用者にとって，あらゆる種類の知識と情報を容易に利用できる地域社会の情報センターである。」

(『IFLA/UNESCO 公共図書館宣言』)

情報にアクセスすることができ，それを理解できるということは人間の基本的な権利であり，いまや世界の歴史においてこれまでになかったほど多くの情報を利用することができる。みんなに開かれている公共サービスとして，公共図書館は広範な情報資源へのアクセスを提供することにとどまらず，情報を収集し，組織化し，活用するという重要な役割を担っている。公共図書館は地域の情報を収集し，それを容易に利用できるようにする特別な責任を負っている。また，地域社会とそこにゆかりのある個人の歴史に関する資料を収集し，保存し，それへのアクセスを提供することによって，過去の記憶を保存するという役割をも果たしている。広範囲な情報を提供することによって，公共図書館は，地域社会が重要な諸問題に関して十分な情報にもとづく議論をし，意思決定をすることを援助することができる。情報の収集と提供によって，公共図書館は，それが可能なところではどこでも，利用可能な資源を最大限利用するために，他の諸機関と協力するべきである。

利用可能な情報量の増大と絶え間ない技術革新は，情報へのアクセスのしかたに根本的な影響を与え，すでに公共図書館とそのサービスに対して重大な影響を及ぼしている。情報は個人と社会の発展にとって大変重要であり，情報技術はそれに近づき利用できる人々に対して相当の力を与えている。情報技術は急速な成長を遂げたけれども，世界の大多数の人々にとっては利用できず，地域によっては情報富裕層と情報貧困層との間の格差は拡大する一方である。テレビ放送や電話，その他のモバイルウェブサービスなど，広範囲に普及した公共的情報資源，教育機関や公共図書館の存在は先進諸国では当然のことと考えられている。しかし，発展途上国では，これらのインフラの不十分さは深刻であり，このことが個々人が情報を集め，問題を解決することを妨げている。イ

ンターネットは発展途上国の国内での，また発展途上国相互の間での情報通信の改善に役立っている。公共図書館はこの点において一定の役割を果たしており，またこれまでのように伝統的な形態の情報を提供するとともに，この役割を担っており，（技術的に可能な場合には）広く公衆にインターネットへのアクセスを提供することによって，その情報格差を埋めることが要請されている。公共図書館は，情報通信技術の継続的な発展の拡大によってもたらされる絶好の機会を理解し，活用しなければならない。公共図書館は，利用者に対してオンライン情報サービスへの重要なアクセスポイントを提供し続ける。

- ▶南アフリカでは，いくつかの公共図書館は，図書館のなかに情報キオスクやテレセンターのスペースを提供している。
- ▶アフリカの5つの国々（ベニン，マリ，モザンビーク，タンザニアおよびウガンダ）では，現代的情報通信手段へのアクセスを提供するために，農村多目的コミュニティ・テレセンターが設置されている。
- ▶アメリカ合衆国テキサス州メンフィスの公共図書館では，家系図の記録や小規模ビジネスを支援する情報，求人リストなど，伝統的には図書館で提供してこなかった情報も保有している。テキサス州のダラスやカリフォルニア州のサンフランシスコなど，アメリカの他の都市の図書館では，地元の自治体や州，連邦の政府情報を提供している。
- ▶エストニアでは，公共図書館の中にインターネットに接続できる公開のアクセスポイントを設置している。
- ▶オーストラリアのゴールドコースト市議会は，定期的に2日間の「テクノ・エクスポ」を主催している。そこでは利用者に対して，最新技術がそこに取り込まれた，機械装置やツール，コンセプトについて，すべてを実際に手に取ったり，身近に感じ，学習する機会を提供している。

1.3.3　人材開発

　　「個人の創造性にあふれた成長を援助する機会を提供すること。」

（『IFLA/UNESCO 公共図書館宣言』）

　個人の創造性を開発し，新しい関心を追究するという機会は，人間の潜在的能力を開発するうえで重要なことである。これを達成するために，人々は知識へのアクセスと想像力のはたらきによって生み出された著作に触れることを必要とする。公共図書館は，さまざまに異なった形態のメディアを通じて，個々人が自分自身では入手できない豊富で多様な知識と創造性のある業績へのアクセスを提供できる。地域社会に関する文献を含み，世界中の文献と知識から構成される大規模な所蔵コレクションに対するアクセスの提供こそ，これまで公共図書館がなしうる固有の貢献であったし，いまなおきわめて重要な機能である。この想像力と知識にもとづく著作へのアクセスは，個人の教育と意義あるレクリエーション活動に対して大きく寄与している。図書館は，利用者に対して，目録の検索のしかたや印刷された参考図書の使い方を教えるという伝統的な文献利用教育から，情報の所在を確認するためのコンピュータの使い方や情報の品質の評価のしかたを教える方向に業務を拡大しなければならない。

　また，公共図書館は，発展途上の地域社会に住んでいる人々に対する情報提供に直接関係することによって，日々の生存と社会的，経済的発展にとって基本的な貢献を果たすことができる。たとえば，基礎的な生活技術や成人教育，およびエイズ啓蒙プログラムなどがそれにあたる。識字率の低い地域社会においては，公共図書館は，その人たちにサービスを提供しなければならず，必要な場合には，情報を解釈したり，翻訳したりしなければならない。また，公共図書館は，どのようにして図書館と図書館サービスを利用するかといった基本的な利用者教育をしなければならない。

▶マリの農村音声図書館は，公衆衛生，健康，家畜の飼育，その他人々の日常生活

- に関連する話題についての情報を伝えてきた。このような図書館は 146 の村にサービスを提供し，集団聴取セミナーが運営されている。
- ▶ボリビアでは，地元地域社会にある図書館が多様な活動の会場として機能している。たとえば，健康推進キャンペーン，栄養教室，母子クラブや青少年クラブなどが図書館で開催されている。
- ▶アメリカ合衆国の図書館のなかには，就職情報センターが設けられているところが少なくない。求職者たちは，雇用機会に関する情報を得ることができ，就職応募書類の書き方や面接試験の準備に役立つ多様なメディアを利用することができる。これらのプロジェクトによって，図書館職員と地域自治体の就職支援部局との関係構築が可能になる。
- ▶ベネズエラの農村部における図書館サービスの整備の主要な目標は，農業と家畜の飼育に関する情報を提供することにより，生活の質の改善をめざし，限られた資源しかもたない恵まれない小規模農家の情報ニーズを満たすところにある。
- ▶アメリカ合衆国ニューヨーク州のグレンフォールズにあるクランドル公共図書館は健康情報センターを設置し，市民からの健康に関する質問に対して回答する電話ホットラインを備えている。

  〈http://www.crandalllibrary.org/programs/programs-consumerhealth.php〉
- ▶ロンドンの図書館では，識字能力や計算能力，情報技術のスキルを改善しようとする人々を支援する一定の範囲の図書やその他の情報資源を提供している。

  〈http://www.londonlibraries.org/servlets/llr/skillsforlife/all〉

1.3.4　子どもと青少年

　　　「少年期の早い時期から読書習慣を身につけさせ，それを強化すること。」

　　　　　　　　　　　　　　　　　　　　　　　（『IFLA/UNESCO 公共図書館宣言』）

　公共図書館は，年齢や身体的，経済的，ないしは社会的状況にかかわらず，地域社会のすべてのグループが抱える情報ニーズを満足させるよう努めなけれ

ばならない。しかしながら，公共図書館は，子どもたちと青少年の情報ニーズを満足させることについては，特別の責任を負っている。子どもたちが早い時期に知識のすばらしさに感激したり，想像力に富んだ作品に触れ感動したりするようなことがあれば，彼らは生涯を通じて，これらの人格的成長の基本的要素から利益を受けるであろうし，それによって彼らを豊かにし，社会への彼らの貢献をいっそう高めるであろう。また，図書館を利用する子どもたちは，両親やほかのおとなの図書館利用を促進することもできる。さらに，読書能力の獲得に困難をもつ青少年に対して，彼らに適切な資料を提供する図書館を利用させるようにすることも大切である（3.4.2 および 3.4.3 を参照）。

▶ロシア連邦のノボーラルスクの中央公共図書館は，オンラインで情報を直接提供することを目標に，「私は答えを調査中」という名称を付した，青少年を対象とするモバイル情報サービスを開発した。
〈http://www.publiclibrary.ru/readers/services/virtual-spravka-child.htm〉

▶ロシア連邦のオムスク州にある自治体図書館中央システムが創設した「読者」と銘打たれたサイトは対象を青少年に絞っている。オンラインメニューには，なにか「面白い本と著名作家のよく知られた一節」を探すことができるオプションを提供している。

▶ロシア連邦のプスコフ州中央図書館システムは，利用者調査によって，10代の若者にこれまで社会通念と思われてきた価値観にしたがわない人たちが増えてきたことがわかった。そこで'少数派のABC'というウェブサイトを立ち上げ，10代のサブカルチャー，考え方，感じ方，およびライフスタイルの実体を解説している。〈http://www.bibliopskov.ru/neformal/index.htm〉

1.3.5　公共図書館と文化の発展

　公共図書館の重要な役割のひとつは，地域社会の文化的および芸術的な発展のために中核となる場所を提供することであり，また地域社会の文化的な主体性の形成とその維持を助けることである。この役割は，適切な地元の組織や地域的諸機関との協働によって，文化的活動のための場所を提供したり，文化的事業を組織したり，また文化的興味が図書館資料のなかに見つかることを保障することによって達成できる。このような図書館の貢献には，当然，地域社会にあらわれた多様な文化を反映させるべきである。公共図書館は，その地元社会で話され，読まれている言葉で表現された資料を提供するべきであるし，文化的伝統を支援しなければならない。図書館は，サービスを提供している地域社会で日常使われている言葉を話す職員を雇用するよう努めることも当然である。

▶ベネズエラのアマゾナス州ではたらいているライブラリアンは，農村部の地域社会にはそれぞれ固有の言語しか話せない住民が多いので，異なった文化の仲介者としての役割が果たせるよう研修を受けている。

▶アメリカ合衆国ニュージャージー州のニューアーク公共図書館は，ニュージャージー歴史委員会と協力し，主として地元地域や同州の歴史を中核的対象とするチャールズ・カミングズ・ニュージャージー情報センターを開設した。

▶クロアチア共和国の中央図書館は，すべての少数民族に対して，その固有の言語で書かれた図書や関係する展示，識字教育やその他の文化的な行事，および地元地域の民族的なニーズの補完を目的とする図書館間相互貸借などの図書館サービスを提供している。

▶オーストラリアのゴールドコースト市議会が設置する図書館群は，'沿岸地域の諸文化'と名づけたイベントを開催している。このイベントは，毎月，地域社会のなかで文化的な認識を向上させることに資するさまざまな団体によって組織され，実施されるプログラムから構成されている。

1.3.6 公共図書館の社会的役割

　公共図書館は，公開の場所および集会の場所として，重要な役割を担っている。この役割は，とりわけ人々が集会をする場所をほとんどもたない地域社会においては重要である。それは，しばしば「地域社会の応接間」と呼ばれる。調査研究や教育，余暇活動を目的とする図書館利用によって，人々は日常的にふれあい，積極的な社会経験を得ることができる。図書館の施設設備は，地域社会が抱える諸問題に対応しようとする社会的，文化的な諸活動を促進するよう，設計され，建設されるべきである。

▶デンマークの図書館は，情報検索の用途に従来インターネットを利用してきたし，それはやはり標準的な利用法であるが，コミュニケーション手段としてのインターネット利用が急激に増大している事実を理解している。また，アメリカ合衆国ノースキャロライナ州のシャーロット・メクレンバーグ公共図書館の「23の注意事項」と名づけられたプロジェクトにおいて，ソーシャルネットワーキングウェブ2.0の範囲のなかで，図書館スタッフの能力開発の必要性を実証している。
〈http://splq.info/issues/vol41_2/06.htm〉

▶フィンランドのエントレッセ図書館は，ショッピングモールのなかに設置されている。この図書館は，その利用者たちと同様に，それぞれに異なる多様な背景をもつスタッフから構成される多文化図書館となっている。その重点的なサービス対象とされるのは，10代の若者たちと移民の人たちである。ライブラリアンたちは携帯電話やラップトップ・コンピュータを携えて館内を歩きまわり，しばしば接点をもつのが困難な人たちに対して，図書館サービスを提供している。
〈http://english.espoo.fl//default.asp?path=32373;37337;45340;37077;70550;83170〉

▶'第10図書館'はフィンランドのヘルシンキ市立図書館の分館で，市の中心部に設置され，利用者に対して，音楽を演奏したり，録音したりできる音声データ編集・リハーサル室の活用を提供するなど革新的なサービスを実施している。館内に設置された'舞台'と呼ばれる空間は，文化的な実演や討論，およびその他の

展示のために利用されている。〈http://www.lib.hel.fi/en-GB/kirjasto10/〉

1.4　変化に対応する公的機関

　ここでとりあげた主要な分野におけるその役割を実行するとき，公共図書館は社会と個人の発展を目指す公的機関として活動し，当該地域社会に起こる変化に能動的に対応する公的機関となりうる。教育を支援するために広範囲にわたる資料を提供することによって，そしてすべての人々に対して情報をアクセス可能なものとすることによって，公共図書館は個人に対して，また地域社会に対して，経済的，社会的な利益をもたらすことができる。公共図書館は，情報が十分に行きわたる民主主義社会の創造と維持に寄与し，住民の生活と彼らが住む地域社会を豊かにし，かつ発展できるように支援する。

　公共図書館は地域社会の内部で議論されている諸問題を理解しておくべきであり，その論議に資する情報を提供しなければならない。

1.5　情報の自由

　　「資料コレクションとサービスは，いかなる種類のイデオロギー的，政治的，もしくは宗教的検閲にも，また営利的圧力にも屈することは許されない。」

（『IFLA/UNESCO 公共図書館宣言』）

　公共図書館は，検閲の危険の外に立ち，すべての範囲に及ぶ人々の経験と見解を代表することができなければならない。いくつかの国では，（アメリカ合衆国で制定されたような）情報公開法がこのような諸権利の維持の確保に役立っている。ライブラリアンと図書館管理機関は，これらの基本的人権を支持し，擁護しなければならず，公共図書館で利用できる資料を制限しようとする個人や団体からの圧力に対して断固反対しなければならない。

▶デンマークでは，図書館は，'図書館は民主主義を育てる温室'と名づけたプロジェクトを通じて，市民たちが政治的な討論に参加し，民主主義社会に積極的に参加することを奨励している。ヘーニング市では，図書館が地元のジャーナリストや政治家たちと協力して，サイバースペースと物理的なその場所での議論の両方で活発に展開される討論を促進する文化を創り出そうと努めている。
〈http://splq.info/issues/vol42_1/04.htm〉
▶オーストラリア図書館情報協会は，図書館情報サービスが特に情報や思想の自由な流れを支援し，維持することに責任を負っていると確信している。
〈http://www.alia.org.au/policies/free.access.html〉

1.6 すべての人々のためのアクセス

　公共図書館の基本的原則のひとつは，そのサービスがすべての人々にとって利用できるものでなければならず，地域社会のなかで少数派の人たちを排除し，特定集団のためにはたらくものであってはならないということである。図書館の施設設備は，使用言語における少数者，身体障害および知覚障害をもつ人々，もしくは図書館に行くことができない遠隔地に生活する人々など，なんらかの理由で主要なサービスを利用することができない少数グループにとって，図書館サービスが等しく利用できることを保障するよう整備されていなければならない。投入する資金の水準，図書館サービスの拡充，図書館の建築設計，および開館時間は，すべて基本的原則のひとつであるユニバーサルアクセスの理念にもとづき，計画されなければならない（第3章「図書館利用者の情報ニーズを満足させること」，および障害をもつ人々への図書館サービスに関して法令遵守を求めるいくつかの全国レベルの諸法律についての議論を参照）。

　図書館資料コレクションの整備もまた，すべての人々のためのアクセスという原則にもとづかなければならず，特定の利用者層にとっては，それにふさわしい媒体へのアクセスの保障を含むものでなければならない。たとえば，視覚

障害をもつ人々に対して点字資料や録音資料を提供することがそれにあたる。情報通信技術は，図書館のなかから，または図書館から離れた場所からも，資料コレクションとその他の情報源の集積に対するアクセスを許容する方向で活用されるべきである。

1.7　地元社会の情報ニーズ

　公共図書館は地元社会の利益のために地域に根ざした諸々のサービスを行うもので，コミュニティ情報にかかわるサービスを提供しなければならない。公共図書館が提供するサービスやコレクションは地元のニーズに見合ったものでなければならず，それについては定期的に調査・検討されなければならない。この規律にしたがわなければ，公共図書館はサービスしなければならない人たちとの関係が絶たれ，その結果十分に利用されなくなってしまう。したがって，ライブラリアンは，社会的・経済的発展や，人口統計的な変化，年齢構成の変化，学歴，雇用形態などにおける変動，公共図書館以外の教育的・文化的サービス機関の出現などの諸要因から発生する社会の変化を認識しなければならない（「6.10.1　入念な環境の調査」を参照）。

1.8　地域文化

　公共図書館は，地元社会の多種多様な地域文化にかかわるすべての資料を収集し，保存し，地域文化を振興するための主要な公的機関のひとつでなければならない。このことは，さまざまな方法で達成することができる。たとえば，郷土史コレクションの維持，地元への関心をあらわした事物の展示会，地元の説話などのストーリーテリングや出版，そして地元社会の関心事にかかわる対話集会の開催などが考えられる。口述による伝承がコミュニケーションの主要な手段である地域では，公共図書館はその継続と発展を図らなければならない。

▶ボツワナの村の読書室は，セツワナ文学の保存とセツワナ語の振興センターとし

ての役割を果たすとともに，弁論グループ，伝統的歌曲や舞踊，集会を計画する文化振興センターとして機能している。
▶シンガポールでは，アジア図書館サービス課が中国語，マレー語，およびタミル語など，その地域で使う言語でのサービスを展開している。
▶キューバでは，図書館は詩人の集まる場所として利用され，またそこでは農民たちに口伝えで受け継がれている伝統文化の調査研究が行われるとともに，その保存が図られている。
▶インドの村落図書館の目標のひとつは，伝統的な知識を記録するための施設を提供することである。そして，村人たちによって書かれた書物が出版される。
▶'素晴らしい記憶'というアーカイブは，バルセロナの図書館群に収蔵されているスペイン市民戦争についての情報を編纂したものである。
▶フィンランドのハメーンリンナ市立図書館は，地元の歴史についてのウィキペディア「ハメーウィキ」をつくり，地元の人たちにどのようにしてウィキペディアを編集するかを教えている。このプロジェクトは，地元の町の映像の利用とソーシャルメディアについての学習を兼ね合わせたものである。
▶オーストラリアのクイーンズランド州立図書館は，地元社会について科学的に研究するときの基準を作成し，地元社会の歴史的発展を記録している資料コレクションの維持と提供に努めている。
〈http://www.slq.qld.gov.au/info/publib/policy/guidelines/eight〉
▶ロシア連邦のアルハンゲルスク地域科学図書館は，アルハンゲルスク地域の歴史や文化についての知識を普及することを目的として，地域ネットワーク情報資源を組織化するポータルサイトを開設した。ここで利用できる情報のすべては，'民間伝承''文学''民芸と工芸''演劇''美術''音楽''建築''伝統と慣習'といった主題分野に集中している。個々の分野については，インターネット上の関係情報資源や参照文献リストが掲載されたウェブページへのリンクが最新のものに維持されるとともに，人名と書誌情報の一覧が付されている。
〈http://www.cultnord.ru〉
▶ロシア連邦の一部を構成するカレリア共和国国立図書館は，ロシア連邦内の文化

財としての図書の所在を確認する分散型情報検索システムを構築するプロジェクトに参加している。このプロジェクトは，'ロシアの文化'という連邦レベルでの重要な事業の一環として，ロシア連邦国家図書館によってはじめられたものである。〈http://library.karelia.ru/cgi-bin/monuments/index.cgi〉

▶ スペインにおいては，文化省の補助金を得た地元の歴史デジタル化プロジェクトは，オープンリポジトリ OAI/PMH と歴史的新聞仮想図書館を含んでいる。
〈http://prensahistorica.mcu.es/es/estaticos/contenido.cmd?pagina=estaticos/oai〉

▶ RODA（デジタル学習資料リポジトリ）
RODA は，カセレス公共図書館に所蔵されている歴史的印刷資料から構成されるコレクションを提供するプロジェクトである。そこには，主としてアントニオ・ロドリゲスとメリー・モニノ・ブレイから遺贈された，全体で 11 万 8303 のカラー画像が含まれている。〈http://roda.culturaextremadura.com〉

1.9 公共図書館の文化的な基礎

　公共図書館が長期間にわたって成功を収めるために大切なことは，その図書館が活動している国，もしくは地域の文化（複数の文化をもつ場合も）に立脚しなければならないということである。公共図書館の形態や組織がまったく異なった文化的背景をもつ国もしくは地域から導入されたものであるとすれば，その図書館の成功はまずおぼつかない。図書館の運営については，広い範囲に基礎をもつ当該地域社会の基本的データを収集するために行われる，現実の利用者および潜在的利用者，市民の集会，フォーカスグループやその他の諸方法を対象とする地域調査の結果を検討することによって，必要とされている種々の図書館サービスを確認することができる。

▶ ロシア連邦のケメロボ中央図書館システムは，利用者の個人的成長と自己認識を助けるために，'人生に役立つ図書館'（Biblio Vita）を開設した。そこには，副次

的に図書館サービスの深度と範囲に対する利用者の理解を拡大しようというねらいもあった。〈http://www.kemcbs.com/index.php?page=bv〉
▶ アメリカ合衆国フロリダ州のジャクソンビル公共図書館システムは，フロリダ州とその地域に住むアフリカ系アメリカ人などの特定の人たちの歴史と遺産に特化した資料コレクションを提供している。〈http://jpl.coj.net/res/sites/historyfl.html〉

1.10 壁のない図書館

　公共図書館の役割や目的を果たすための基本的方針を作成するとき，図書館が提供するサービスに重点をおかなければならない。地域社会のニーズを満たすためには，その公共図書館は一定の範囲のサービスを提供するであろうし，そのサービスのなかには図書館の建物があってはじめて効果的に提供されうるものがある（たとえば，印刷資料で構成される大規模なコレクションがそうである）。しかしながら，図書館の壁を越えて，いっそう効果的にサービスを提供できる場合が多い。社会条件が異なれば，模範としてとりあげるべき事例も異なるけれども，建物よりもサービスから図書館整備を計画するという原則は，すべての公共図書館の基本方針の作成にあたって重要なことである。情報通信技術を利用してのサービスの提供はまた，図書館情報サービスを直接家庭や職場にもたらすすばらしい機会となっている。

　人口密度が希薄な地域にサービスを届けるためには，多様な輸送手段が利用される。たとえば，身体障害または知覚障害あるいは交通の不便さなどによって，図書館に来ることができない人々に図書館情報サービスを提供することは，状況のいかんにかかわらず，すべての人々に対し，自宅または職場でのサービスの利用を保障することになる。これらの‘移動図書館’（mobile library）サービスは，しばしばトラックやバスに資料を積み込んで行われるが，すでにふれたとおり，図書だけでなく，そのほかにマルチメディア資料を提供したり，最近ではますますインターネットへのアクセス提供が広まっている。インターネット接続端末の利用をサービスとする場合には。移動図書館ではなく，それら車

両は‘移動情報館’（infomobile）と呼ばれることが少なくない。

▶ チリの公共図書館サービスは，自動車図書館，図書館船，巡回文庫，人が背負って運ぶ文庫，および自転車で届ける文庫など，多様な機動的サービスを開発している。これらのサービスは，あらゆる年齢層に対して図書と文化的諸活動を提供し，管内のすべての地域に届けられている。また，このようなサービスは，療養所，病院，そして刑務所に対しても実施されている。

▶ スペインのカタルーニャ州では，移動図書館で構成されるネットワークが図書，マルチメディア資料，およびインターネットへのアクセスを提供している。

▶ フィンランドのラパヴィルタの移動図書館は，図書館であるとともに地域社会のマルチサービスセンターでもある。そこではインターネット接続のワークステーションが利用でき，健康管理情報が提供され，切手が販売されており，また利用者は医薬の提供を受けることができるし，買い物やクリーニング・サービスも利用できる。そして，移動図書館によって，重量のある小包を自宅に運送してもらえる。移動図書館の車両を製造するに先立ち実施された利用者調査によって，高齢者たちがどのようなサービスを望んでいるかがわかっていたのである。

▶ オーストラリアのゴールドコースト市議会は，成人と子どもたちのためのテクノロジーセンターを提供する，3輛まで増結できる第1号の移動図書館を実現した。
〈http://www.goldcoast.qld.gov.au/t_library.aspx?pid=7731〉

▶ ‘ビブリオバス’（bibliobus）は，現代的な移動図書館センターにつけられた名称である。この移動図書館は，利用者に対して，最新の図書コレクションを提供し，またインターネットへのアクセスと専門的なデータベースの利用を可能とするとともに，地元社会の教育的，文化的イベントの開催・実施のために，視聴覚設備を提供する。いつも最新の本のコレクションやインターネットアクセス，専門的なデータベース，地域教育，文化的行事のための視聴覚設備を提供している。移動図書館によって，遠く離れた農村部に居住する人たちは，情報格差という障害の克服を助けられ，情報提供サービスや教育的サービスを享受することができる。

ビブリオバスは，イギリス，アメリカ合衆国，ドイツ，フィンランド，およびロシア連邦でうまく活用されている。〈http://www.library.ru/3/focus/bibliobus.php〉
▶エチオピアでは，ロバが移動図書館の'動力'として利用され，図書を郊外に広がる農村に届けている。〈http://www.ethiopiareads.org/programs/mobile〉

1.11 図書館建築

　図書館の建物は，公共図書館の施設のなかでも重要な役割を演じている。それらは図書館サービスの諸機能を反映して設計されるべきものであり，地域社会の誰でもがアクセスでき，新しいサービスやサービスの変化にも十分柔軟に対応できるものでなくてはならない。図書館の建物は，図書館以外の地域社会の諸活動の場，たとえば商店街や文化的施設が集まっている場所，交通の要衝付近に立地すべきである。公共図書館はまた，どのような場所に設置されても，可能な限り地域社会の利用，たとえば集会や展示会のために利用できるスペースを備えなければならないし，建物がいくらか大きい場合には，演劇や音楽，視聴覚およびその他のメディアを利用する公演や演奏に使える施設・設備をもたなければならない。十分に利用されている公共図書館は，都市部の活力に大きく貢献しており，また特に人口の希薄な農村部では学習センター，社会センター，および集会の場として重要である。したがって，ライブラリアンは，図書館の建物が地域社会全体の利益に役立つよう，その施設・設備を最大限利用させるべく，効果的に活用され管理・運営されることを保障しなければならない。

▶フィンランドのトゥルク中央図書館は，どのような図書館サービスを提供すればよいのかということにつき，新たな革新的構想を高めるかのような，21世紀的建築構造物として具体的に表現されている。
〈http://www.turku.fl/Public/default.aspx?nodeId=12503&culture=en_US&contentlan=2〉

▶ イエリング中央図書館は，デンマークを代表する21世紀的公共図書館の例とされており，もっとも見ごたえがあり，そこに行きたい究極の場として図書館といわれている。〈http://splq.info/issues/vol41_4/07.htm〉

▶ デンマークのコリングにある新しい公共図書館の建物は，'湖と旧コリングフス宮殿'が見晴らせる独特の眺望を備えた，中心市街地に接してたてられている。透明感を備え，オープンスペースをもち，軽量の木製家具が配された，この図書館建築は，スカンジナビア風の図書館建築様式を穏健な形で継承している。
〈http://www.librarybuildings.Info/denmark/kolding_library〉

▶ デンマークにおいては，（その程度はともかくとして）図書の（ほとんど）ない子ども図書館を設計するときには，現代の知識社会の枠組みのなかで設置することとあわせて，できるだけ子どもの存在を思い浮かべて設計されている。
〈http://splq.info/issues/vol41_3/07.htm〉

▶ ロシア連邦図書館協会は，図書館のイメージと建築設計を展示した，'図書館の建物：建築学，設計，空間の構成'と名づけられたポータルサイトを提供している。〈http://rba.okrlib.ru/biblioteki/fotogalereya/〉

1.12　資源

　公共図書館がその役割を満足に果たすために，地域社会のニーズを満たす諸々のサービスを維持・発展させるには，設置されたときだけでなく，たえず最新の技術を導入し，十分な資料をもたなければならない。このことは，公共図書館が集団や個人の変化するニーズに応えるために，新たに刊行された資料，補充資料を含め，定期的にアップデートされたあらゆる形態の資料を提供すべきことを意味している。また，公共図書館には，地域社会におけるその重大な役割を果たすために必要とされるあらゆるサービス提供方法を維持するために，適切な教育訓練を受けた十分な力量を備えた職員が配置されなければならないし，十分な資金を手当てしなければならない。後続の諸章においては，公共図書館サービスを最善のものとするために，情報資源に対して理解すべきことを

明らかにするとともに，必要とされる情報知識を提供する。

1.13　公共図書館の価値

　公共図書館が立地する地域社会に対して大きな価値をもたらしていることは，広く承認されている。図書館の価値は，しばしば図書館がどのような資料やサービスを地域社会に提供しているかということによって，明らかにされる。かつて公共図書館は主として印刷された情報へのアクセスを提供し，地域社会における公開された社会的で物理的な出会いの場所として機能してきた。デジタル時代になると，公共図書館の役割や価値は，新しい情報技術の出現によって高められている。新しい情報技術には，ワークステーション，利用可能な電波の帯域幅の拡大，そしてコンピュータ利用教育の提供が含まれうる。現在，地域社会によっては，公共図書館が無償のインターネットへのアクセスを提供する唯一の存在であるところがある。

　公共図書館の価値については，これらサービスの提供をめぐって議論されている。多くの調査研究が公共図書館の経済学的モデル化に取り組んできた。（本書第6章の「公共図書館の管理・運営」を参照。そこではいくつかの定量的パフォーマンス指標が示されている。）

▶あるアメリカ合衆国の図書館は，ケーブルテレビ，公共サービスについての広告，ウェブサイト，さらに視聴者が実際のライブラリアンに‘話しかける’ことができる双方向のテレビ番組を通じて，図書館サービスの価値を増進するために，市民の参加を得た統合的な情報通信を展開した。

▶オーストラリアで一番最初となる，公共図書館が地域社会にもたらす価値についての包括的な調査研究には，「公共図書館が地域社会を建設する」というタイトルが付けられている。その報告書は，オンライン調査と印刷物配布調査およびフォーカスグループ調査を通じて1万人以上から得られた意見や見解が掲載されている。

⟨http://www.slv.vic.gov.au/about/information/publications/policies_reports/plu_lbc.html⟩

参考文献

Aabø, S. (2005). "The role and value of public libraries in the age of digital technologies." *Journal of Librarianship and Information Science* vol. 37(4), pp. 205-211.
(http://lis.sagepub.com/cgi/content/abstract/37/4/205 accessed 1/01/2010).

Berk & Associates, Inc. (2005). The Seattle Public Library Central Library: Economic benefits assessment.
(http://www.spl.org/pdfs/SPLCentral_Library_Economic_Impacts.pdf accessed30/12/2009)

Bertelsen, E., and Cranfield, V. (2001). *Act Regarding Library Services*. Copenhagen: Danish National Library.
(http://www.bs.dk/publikationer/english/act/pdf/Act_reg__library_ser.pdfaccessed 1/01/2010)

Česko. (2003). *Law No. 257/2001 Coll. of 29 June 2001 on Libraries and Terms of Operating Public Library and Information Services (Library Act)*. Prague: National Library of the Czech Republic.
(http://knihovnam.nkp.cz/english/sekce.php3?page=04_Leg/02_LibAct.htm&PHPSESSID=3658c047e024d207dc073e8bc945a775 accessed 1/01/2010).

Cologne city. (n.d.). World literature: Library literature in Cologne.
(http://www.stadt-koeln.de/5/stadtbibliothek/bibliotheken-archive/literaturwelt/accessed 1/01/2010).

Cologne Library Association. (n.d.). Cologne Library Association minibib (kiosk in the park).
(http://www.foerderverein-stadtbibliothek-koeln.de/accessed 1/01/2010)

Freedominfo.org. (n.d.). Freedominfo.org: The online network of freedom of information advocates.
(http://freedominfo.org/ accessed 1/01/2010).

Goethe-Institut. (n.d.). Sau Paulo – Wissen – Bibliothek – Goethe-Institut: favela projects in Brasil.
(http://www.goethe.de/ins/br/sap/wis/bib/deindex.htm accessed 1/01/2010).

Governo do Estado do Paraná. (n.d.). Projects of the Regional Government of Paraná. (http://www.cidadao.pr.gov.br/ accessed 1/01/2010).

Hage, C. (2004). *The public library start up guide*. Chicago: American Library Association.

IFLA. (1995). *IFLA/UNESCO Public Library Manifesto*, The Hague: IFLA.
(http://www.ifla.org/VII/s8/unesco/manif.htm accessed 1/01/2010).

IFLA. (1999). IFLA/UNESCO School Library Manifesto.
(http://www.ifla.org/en/publications/iflaunesco-school-library-manifesto-1999 accessed 1/01/2010).

IFLA. (2002). The IFLA Internet Manifesto.
(http://www.ifla.org/publications/the-ifla-internet-manifesto accessed 1/01/2010).

Kekki, K., Wigell-Ryynänen, H. (2009). Finnish Public Library Policy 2015. National strategic areas of focus. Publications of the Ministry of Education.
(http://www.minedu.fi/OPM/Julkaisut/2009/kirjasto_ohjelma.html?lang=en accessed 1/01/2010).

Larsen, J., and Wigell-Ryynänen, B. (2006). *Nordic public libraries in the knowledge society*. København : Danish National Library Authority.
(http://www.bs.dk/publikationer/english/nnpl/pdf/nnpl.pdf accessed 1/01/2010)

Latimer, K., and Niegaard, H. (2007). *IFLA library building guidelines: Developments & reflections*. München: K.G.Saur.

Levin, Driscoll & Fleeter. (2006). Value for money: Southwestern Ohio's return from investment in public libraries.
(http://9libraries.info/docs/EconomicBenefitsStudy.pdf accessed 1/01/2010)

Library Council of New South Wales, J.L. Management Services, and State Library of New South Wales. (2008). *Enriching Communities: The Value of Public Libraries in New South Wales*. Sydney: Library Council of N.S.W.

Maine State Library. (n.d.). Library use value calculator.
(http://www.maine.gov/msl/services/calculator.htm accessed 1/01/2010).

Mattern, S. (2005). *Public places, info spaces: creating the modern urban library*. Washington: Smithsonian Books.

MD Brasil Ti & Telecom. (n.d.). MD Brasil Ti & Telecom: Sao Paulo, Brazil favela „Monte Azul"
(www.monteazul.com.br accessed 1/01/2010) LINK BROKEN 5.25.2010

Pestell, R., and IFLA Mobile Libraries Round Table. (1991). *Mobile library guidelines*. Professional report #28. The Hague: IFLA. (Currently being revised)

Romero, S. (2008). *Library Architecture: Recommendations for a comprehensive research project*. Barcelona: Colegio de Arquitectos de Catalunya.

SirsiDynix (n.d.). SirsiDynix Institute.
(http://www.sirsidynixinstitute.com accessed 1/01/2010)

State Library of Queensland. (n.d.) Standards and guidelines.
(http://www.slq.qld.gov.au/info/publib/build/standards accessed 1/01/2010)

Thorhauge, J. (2002). *Danish Library Policy: A Selection of Recent Articles and Papers*. Biblioteksstyrelsen. Copenhagen: Danish National Library Authority.
(http://www.bs.dk/publikationer/english/library_policy/pdf/dlp.pdf accessed 1/01/2010).

Urban Libraries Council and The Urban Institute. (2007). Making cities stronger: Public library contributions to local development.

(http://www.urban.org/uploadedpdf/1001075_stronger_cities.pdf accessed 1/01/2010)

図書館建築に関する参考文献

Bisbrouck, M. et al (2004). *Libraries as places: Buildings for the 21st century*. IFLA Publications Series 109. Munchen: K.G. Saur.

Bryan, C. (2007). *Managing facilities for results: optimizing space for services*. Chicago: American Library Association.

Dewe, M., (2006). *Planning public library buildings: concepts and issues for the librarian*, Aldershot, England: Ashgate.

Hauke, P. (2009). *Bibliotheken bauen und ausstatten*. Bad Honnef: Bock + Herchen. (http://edoc.hu-berlin.de/oa/books/ree8FL3pymekE/PDF/25Gh3UywL6dIY.pdf)

IFLA Section on Library Buildings and Equipment, *Intelligent library buildings: proceedings of the tenth seminar of the IFLA Section on Library Buildings and Equipment*, The Hague, Netherlands, 24 – 29 August, 1997, Marie-Françoise Bisbrouck and Marc Chauveinc (eds), IFLA Publication – 88, Munich, K. G. Saur, 1999

Koontz, C.M. (1997). *Library Facility Siting and Location Handbook*. Westport, CT: Greenwood Press.

Latimer, K., and Niegaard, H. (2007). *IFLA library building guidelines : developments & reflections*. Munich: K. G. Saur.

Niegaard, H., Schulz, K., and Lauridsen, J. (2009). *Library Space: Inspiration for building and design*. Copenhagen, Danish National Library Authority.

2 法的制度と財政的枠組み

　「公共図書館は原則として，無料でなければならない。公共図書館については，地方と国の政府が責任を負う。公共図書館は，特定の法律によって維持され，地方と国の政府により資金が供給されなければならない。公共図書館は，文化，情報提供，識字および教育に関するあらゆる長期戦略に関する必須の構成要素でなければならない。」

(『IFLA/UNESCO 公共図書館宣言』1994)

2.1 はじめに

　公共図書館は，個人と社会全体の利益のために，地域社会のレベルで，一定範囲の知識と情報へのアクセスを提供する公的機関のひとつである。その諸々の機能を遂行するうえで求められる図書館サービスの水準を維持するために，公共図書館は立法と継続的資金供給によって支えられなくてはならない。

2.2 公共図書館と行政

　公共図書館と行政との間の関係については，多くの異なるモデルが存在する。同様に，公共図書館の活動や資金管理についての法律も多様でかつ複雑である。さまざまな国において，全体的か部分的か，いずれにせよ地方，地域，州もしくは市町村が図書館サービスに対して責任を負っている。公共図書館は地元に根ざしたサービス機関であるから，管理組織としては，地方自治体がもっともふさわしいとされる場合が多い。しかしながら，いくつかの国においては，公共図書館は地域ないしは州のレベルで設置されており，またときには国立図書館が公共図書館サービスを提供する責務を負っている場合がある。公共図書館サービスを提供するにあたって，2つまたはそれ以上のレベルの行政機関が協

働している事例もある。

▶ エストニア公共図書館法（1998 年）は，各レベルの行政機関の責任を詳細に規定した。同法は，公共図書館は地方行政組織によって設置され，郡立図書館もしくは市立図書館は図書館サービス，図書館間相互貸借および自動車図書館についての調整に責任を負う，と定めている。地方自治体当局は人件費について責任を負うが，図書館資料費は地方自治体当局と国との間で分担する。

▶ オーストラリアのクイーンズランド州立図書館は，クイーンズランド州の公共図書館を対象として，現在の図書館実践を高度化することを目論見，また達成可能な諸目標を提示しようとして，ガイドラインと基準を作成した（付録 6 参照）。
⟨http://www.slq.qld.gov.au/info/publib/build/standards⟩

▶ ロシア連邦の地域図書館コンソーシアム協会（ARBICON）は，図書館コンソーシアムを合併し，関係諸資源の管理運営を近代化することによって，それぞれの加盟図書館が展開している諸活動を調整し，図書館サービスの質を向上させることを目的として設立された。⟨http://www.arbicon.ru/⟩

2.2.1 代替案としてとられているもの

　いくつかの国では，地方自治体当局は公共図書館に対して名目的な責任を負うとしながら，財政的な支援をしていない。そのような場合に設置されている公共図書館については，非政府組織または民間の財団が実際の公共図書館サービス運営を引き受けている。しかしながら，公共図書館の継続的な発展と情報ネットワークにおけるその役割を確実なものとするためには，公共図書館は適切なレベルの行政組織と密接に関係づけられるべきであるし，そこから資金を与えられるべきである。究極的な目標は，公共図書館は正規の行政組織のなかに位置づけられ，全国的な立法の下に，適切な額の資金をもって運営されるべきである。

▶ アルゼンチンでは，公共図書館が設置され，非政府組織，または国の立法に規定された地域の公共団体によって運営されている。

2.2.2 全国的な情報政策

利用可能な図書館情報資源をもっとも効果的に活用し，そしてデジタル情報資源の発展がもたらした機会をできる限り利用するために，多くの国々は全国的な情報政策を作成している。公共図書館はそのような政策における重要な要素のひとつでなければならず，公共図書館にはたらくライブラリアンは，情報政策の展開のなかに，図書館が完全に位置づけられるよう努力しなければならない。

▶ スペインのカタルーニャ州の CePSE（貸出・特別サービスセンター）は，最終的には州内の公共図書館と学校図書館の実践と手順を改善するために，サービスと専門的なコレクションを提供することにその使命を集中させる。

2.2.3 電子政府サービス

電子政府は，利用者中心の手法で，市民に行政へ参加してもらうため，質の高い行政サービスと効率的な新技術による効果的な情報提供システムの開発を目指す。利用者中心の電子政府は，行政が市民，住民，行政職員その他の者を含む利用者への実際のサービスと資源の需要に合わせたサービスと資源を提供することを示唆する。図書館にとって重要な問題は，市民を中心とした電子政府のサービスを地域図書館に担わせることができることである。公共図書館はもっとも合理的な公共のアクセスポイントであるため，しばしば，電子政府サービスの提供のための最適なパートナーとみなされる。行政からの追加資金は，

これらのサービスの提供のために要求されるべきである。十分な設備，接続，および適切な専門知識をもつ訓練を受けたスタッフが必要である。

それは，公共サービスを提供する公共図書館の役割である。しかし，電子政府のシナリオにおいて，公共図書館は，時折準備されていないか，あるいは，ウェブへの置き換えに伴い，役所の閉鎖や対面市民サービスの排除をあらかじめ通告される。それゆえ，図書館がその使命と利用可能な資源の範囲内で，それらの行政サービスを提供する場合または方法についての準備と政策は，整備されなければならない。地域社会で発生したこの一見不可避な傾向のために最適の準備が整えられていることを保証するために，スタッフの専門知識と現行の政府とのパートナーシップを調査することが推奨される。

▶アメリカ合衆国のフロリダ州パスコ公共図書館協同組合は，電子政府に焦点をあてた図書館ウェブサイトの特設コーナーに加え，熱心な電子政府ライブラリアンを有している。たとえば，「オンライン政府サービス」ページは，もっともリクエストされた地方政府，市町村，州および連邦政府サービスを提供する。
〈http://pascolibraries.org/〉

▶アメリカ合衆国のニュージャージー州立図書館は，経済的に困難な時代を通じて，住民を支援するためにウェブサイトを開発した。そのウェブサイトは，仕事，金融，住宅，健康，親および高齢者のツールを提供している。各ツールは，そのトピックに関連する電子政府のさらなる情報へのリンクを提供している。
〈http://gethelp.njlibraries.org/〉

2.3 公共図書館立法

公共図書館の設立は，行政組織においてその継続性と位置づけを確保するため，法的基礎をもたなければならない。公共図書館立法はさまざまな形態をとりうる。世界の国々や地域のなかで，特に公共図書館だけを対象とした立法を

もつところもあるが，異なる館種の図書館を包括する広範囲の図書館立法をもち，公共図書館がその一部に含まれる場合もある。また，公共図書館を対象とする立法については，その規定にもさまざまなものがある。公共図書館の設立を認めるだけでサービスの基準は公共図書館設置に直接責任を負う行政レベル当局に委ねている単純な規定のしかたもあれば，どのような図書館サービスが提供されなければならないか，どのような基準なのかについて独特の詳細な定めをもつ複雑な立法もある。

　行政組織のあり方が国によって大きく異なるために，公共図書館立法の形態と具体的詳細にもかなり大きな差異が生じることが少なくない。しかしながら，公共図書館を規律する立法は，どのレベルの行政機関が公共図書館を設置し管理・運営する責任を負うのか，そしてどのようにして資金を調達するのかについての定めをもたなければならない。また公共図書館は当然，立法によって，国または地域全体の図書館に関する基本的枠組みのなかに，適切に位置づけられるべきものである。

▶メキシコとベネズエラは，公共図書館を対象とする単独立法をもつのに対して，コロンビアとブラジルでは，情報サービスに関する立法に公共図書館に関する規定が含まれている。

▶フィンランド図書館法（1998年）は，公共図書館は，単独か他の公共図書館との協力かを問わず，地方自治体によって設置されるべきものであり，公共図書館は他の館種の図書館と協力しなければならず，また地方自治体は公共図書館が提供している図書館情報サービスを評価しなければならない，と定めている（付録2参照）。

▶南アフリカ共和国憲法（1996年）は，南アフリカにおける図書館情報サービスの提供に関する憲法上の根拠を定めた。その憲法は，州が排他的立法的権能をもつひとつの分野として，「国立図書館以外の図書館」の設置・運営を掲げている。したがって，図書館情報サービスを提供しうる立法的枠組みを整備することは，州

の責任に属することになる。

▶ アルメニアでは，地方自治体当局が公共図書館を財政的に支え，維持する責任を負う。地方自治行政法（1996年）は，公共図書館を維持し整備する地方自治体の義務を規定した。
▶ ロシア連邦では，連邦レベルで図書館法と法定納本を定める法律という図書館に関する2つの法律がある。この2つの法律は公共図書館だけにかかわるものではない。もっとも，図書館法の大半は公共図書館を対象としている。
▶ イタリア憲法は，州に対して，市町村や県が設置する公共図書館の監督権を与えている。いくつかの州は，図書館とその他の情報，ドキュメンテーション，文化および教育にかかわる諸機関との間の協力関係を規定し，また図書館サービスの質に関する基準を定めるために，図書館法を制定している。
▶ ヨーロッパにおける図書館に関する立法と政策のガイドラインは，欧州評議会とEBLIDA（欧州図書館・情報・ドキュメンテーション協会連合）が制定している。

2.3.1 関連立法

公共図書館は，それ自体を対象とする特定の立法とは別に，それ以外の一定の範囲の立法にも支配されている。それには，財務管理，データ保護，公衆衛生と安全および人事管理に関する立法が含まれ，さらにその他多数のものがあげられる。図書館の管理職は，公共図書館の運営に影響を及ぼすあらゆる立法を知っておかなければならない。

また，図書館の管理職は，公共図書館に重大な影響を与えるかもしれない政策や，条約につながる可能性のある地球規模の通商交渉について理解しておかなければならない。その場合，ライブラリアンはあらゆる機会をとらえて，そのような政策が公共図書館に対してどのような影響を及ぼすかについて，一般市民や政治家に知らせなければならない。

2.3.2 著作権

　著作権立法，とりわけ電子出版物に関するものは，公共図書館にとって特に重要な意味をもつ。著作権立法はたえず改正や再検討がなされており，ライブラリアンはすべてのメディアに関連する立法について最新の知識を得るように努めなければならない。ライブラリアンは，著作権立法を推進し，その実現を支持すべきであるが，それは著作者の権利と利用者の要求との均衡を達成するためである。

▶チェコ共和国においては，図書館協会 SKIP が自発的に著作権立法の作成に参加した。この協会と文化省およびチェコ議会文化委員会との議論の結果，図書館にとって有利な修正が受け入れられた。

2.3.3　公共貸与権

　いくつかの国では，公共図書館の館内利用および館外貸出に関連して，図書に掲載される著作物の創作にかかわった著作者およびその他の者に金銭的支払いを定める公共貸与権（公貸権）に関する立法が導入されている。大切なことは，公共貸与権にかかる支払いに要する資金を図書館の資料購入費から支出するべきでないということである。しかしながら，別途資金が手当てできれば，公共貸与権は，公共図書館の予算に影響を与えることなく，著作者を援助できる。また，やり方によっては，公共貸与権の実施を通じて，特定の著作者の書いた図書についての貸出に関する有用な統計を得ることが可能となる。ライブラリアンは，その経費が図書館予算から支出されないことを確実なものとしたうえで，公共貸与権制度の整備に参加することが望ましい。

▶デンマーク政府は，印刷された作品の制作に携わったデンマーク人の著作者，翻

訳家，芸術家，写真家，ならびに作曲家への公共貸与権料の支払いに要する経費を提供している。このような措置は，文化に対する支援だと考えられている。
〈http://www.bs.dk〉

▶オーストラリアでは，公共貸与権が認められた図書館でその作品が利用可能とされることから収入が失われるということを根拠に，要件を満たすオーストラリア人の創作者と出版社に所定の金額を支払うために，環境・水資源・遺産・芸術省によって公共貸与権制度が運営されている。公共貸与権制度は，オーストラリアの著作活動と出版の成長と発展を奨励することによって，オーストラリアの文化の充実を支援している。
〈http://www.arts.gov.au/books/lending_rights/public_lending_right_-_guidelines_for_claimants〉

2.4 資金調達

　公共図書館が見事にその役割を果たすためには，十分な額の資金が決定的に重要である。長期にわたって十分な規模の資金が確保できなければ，サービス提供のための基本方針を作成することもできないし，利用可能な資源を最大限効果的に利用することもできない。それについては，以下のようにいくつかの事例をあげることができる。新築であっても十分な維持費があてられない建物，更新するための資金のない新刊図書のコレクション，そして維持とアップデートの資金のないコンピュータシステムなど。公共図書館が設置されるときばかりでなく，確実で恒常的な基盤のうえに公共図書館を維持，存続させていくためにもまた当然のこととして資金調達の努力が求められる。そして，資金調達が重要であることは。地域社会の利用者たちに理解してもらわなければならない。

▶あるアメリカ合衆国の図書館は，ウェブページに「あなたが利用している図書館

の価値は，あなたにとってどのようなものですか？　あなたが利用している図書館が提供してくれる諸々のサービスに対して，ポケットにあるあなたの財布からいくらくらいなら支払う気になりますか？」という問いに答えることができるように，計算表を示している。〈http://www.maine.gov/msl/services/calculator.htm〉

▶オーストラリアのクイーンズランド州政府は，クイーンズランド州立図書館を通じて，無料の公共図書館が義務として提供すべきものの概略を説明している。
〈http://www.slq.qld.gov.au/__data/assets/pdf_file/0017/122048/SLQ_-_Service_Level_Agreement_-_September_2008.pdf〉

▶ロシア連邦のウラジーミル州地域一般科学図書館は，「地方自治体の設置する図書館における有料サービス」というマニュアルを作成した。
〈http://www.library.vladimir.ru/load/metod_03.doc〉
年次報告書の例は，同図書館のウェブサイトに公表されている。
〈http://slib.admsurgut.ru/inf13.htm〉

▶ロシア連邦のケメロボ州ケメロボ市立中央図書館の児童図書館は，毎年，同図書館の業務と実績を報告し，今後予定されている諸活動を紹介し，また利用者統計を共有するために，利用者を集めて集会を開催している。これらの報告書は，図書館の諸経費を裏づけるのに助けとなる。
〈http://www.okrlib.ru/chitatelyam/biblioteka_kak_ona_est/〉

2.4.1　優先順位

公共図書館とそのサービスは，地域社会に対する長期の投資であって，適切な額の資金が与えられなければならない。もっとも豊かな社会においてさえ，あらゆる図書館サービスに対するあらゆる要求をすべて満たすほどの資金を充当するのは，まず難しいとされている。それゆえに図書館サービスの展開は，明確な優先順位をもつ計画にもとづいて行われることがきわめて重要である。こうした仕事の進め方は，その図書館サービスに対して与えられる資金の額のいかんにかかわらず必要である。戦略的な計画を立て，合意が得られた優先順

位を維持していくために，図書館サービスについての基本的方針を明文化する必要がある。それらの基本的方針は定期的に見直され，必要な場合には改訂されなければならない。

2.4.2　協力関係と協働

どのように大規模で十分な資金に恵まれている公共図書館でも，単館で利用者のあらゆる情報ニーズを満足させることはできない。他の図書館や関係機関と協力しあい，協働し，ネットワークに参加し，他の情報源へのアクセスを提供することによって，公共図書館は利用可能な情報資源の範囲を増大させることができ，利用者の情報ニーズを満足させることが可能となる。

▶アメリカ合衆国のニューヨーク州のクイーンズバラ公共図書館は，ブルックリン子ども博物館やカリフォルニア州のサンフランシスコ参加型・体験型科学博物館(San Francisco Exploratorium) と協働し，児童室に博物館の展示を持ち込んでいる。'書架に並ぶ科学'と名づけられたプロジェクトは，97もの多数の言語が話される地域社会において，科学，数学および技術に関する実践学習の促進を改善し，若い利用者とその親たちに対して関連諸資料を利用してもらうようにがんばっている。〈http://www.queenslibrary.org/〉

2.4.3　財源

公共図書館の運営に必要な資金をまかなうためにいくつかの財源が利用されるが，それぞれの資金源から調達される割合は，地域社会の抱える諸要因に依存するもので，国によって大きく異なる。

主要な資金源としては，次のようなものがある。
- 地方自治体，地域または中央政府における図書館整備を目的とする課税
- 中央政府，地域または地方自治体からの図書館を対象とする使途を特定し

ない定額交付金

二次的な収入源には，次のようなものが含まれうる。

- 資金助成団体もしくは私人からの寄付
- 営業収入，たとえば出版，図書の販売，美術工芸品の販売など
- 利用者からの雑収入，たとえば延滞料など
- 利用者に対する個人的サービスの収入，たとえば複写や印刷設備の利用など
- 外部組織からの資金提供
- 特定の事業振興目的をもつ宝くじの分配金

2.4.4 利用者に対する課金

『IFLA/UNESCO 公共図書館宣言』は，「公共図書館は原則として'無料'でなければならない」と述べている。図書館サービスや利用者登録への課金は，公共図書館の収入源としては許されない。というのは，その支払能力の有無が，誰が公共図書館を利用できるかを決めてしまう基準となるからである。公共図書館の有料化は，利用者の図書館へのアクセスを減少させ，それによって公共図書館はみんなが利用できるものであるべきだとする根本的原則に違反することになる。いくつかの国では，図書館利用資格を得るための料金または特定の図書館サービスに対する料金を徴収しているところがあることが知られている。そのような課金は，必然的に，それを支払うことのできない人々に対して，アクセスを拒絶することになる。それは暫定的な措置とみなされるべきで，公共図書館の資金調達のための恒常的な手法だと考えてはならない。

いくつかの国では，図書館への返却期限を越えて図書館資料を借りている場合には，その利用者に対し手数料あるいは過料の支払いを求めることはふつうに行われている。このような措置は，図書館資料を循環させ，一人の利用者の手に長い期間とどめておかないようにするため，ときには必要な対応である。

その過料であるが，人々に図書館利用をやめさせるほどの高額を設定してはならない。また，料金は，たとえば複写サービスやプリンターの利用など，その結果が個人の専用物となるサービスに対して課されることがある。これらの料金もまた，市民の図書館利用をやめさせるほど高い額に定めてはならない。

2.4.5 技術に対する資金確保

可能であればいつでも，公共図書館は図書館サービスを改善し，また新たなサービスを提供するために，新しい技術を利用しなければならない。このことは，さまざまな種類の電子的設備への少なからぬ投資と，サービス提供のための電子的設備への依存を意味している。電子的設備を効果的に使用し続けるには，適宜アップグレードし，新しい機器と入れ替えなければならない。それにはかなり大きな額の資金調達が重要となるし，設備の入れ替えとアップグレードの計画を作成しなければならない。

▶ オーストラリアのクイーンズランド州立図書館は，公共図書館サービスに欠かせない特徴として，技術を効率的かつ効果的に活用するための枠組みの概要を示している。
〈http://www.slq.qld.gov.au/__data/assets/pdf_file/0006/162726/SLQ_-_Queensland_Public_Library_Standards_and_Guidelines_-_Technology_Standard_-April_2010.pdf〉

2.4.6 外部からの資金調達

ライブラリアンは，公共図書館のための外部資金源の開拓に積極性を発揮しなければならない。しかし，もしそうすれば，すべての人が利用できる機関としての公共図書館の基本的位置づけが傷つくような場合には，どのような相手であってもそういう資金源からの資金を受け入れるべきではない。たとえば，商業的組織が，公共図書館が提供するサービスの普遍的性質をそこなう懸念の

ある条件を付して資金提供を申し出ることがある。すべての申し出は，記録されなければならず，成立する前にすべての当事者が合意しなければならない。

▶スペインのタルラゴナにある公共図書館は，市内の企業から資金を受け入れ，商業的・経済的情報サービスを運営している。
▶アメリカ合衆国のシカゴ公共図書館財団は，シカゴ公共図書館のコレクション整備と事務事業の実施を支援する非営利団体である。同財団は，新規技術の導入や更新，日曜や夜間のサービス時間の延長拡大など，新しい事務事業の立ち上げのための資金を提供してきた。〈http://www.chicagopubliclibraryfoundation.org/about/〉

2.5　公共図書館の管理・運営

　公共図書館は，主として地域社会を代表する人たちが適切に組織した機関によって管理・運営されなければならない。その構成員は，地方議会の議員あるいは図書館委員会のメンバーとして選挙された人々を含む。図書館委員会や図書館理事会は，諸手続きに関する規則をもたなければならないし，その手続きは一般市民に開かれたものでなければならない。この機関は定期的に会議を開き，その議事日程，議事録，年次報告および財務諸表を公表しなければならない。通常，管理運営機関は，その図書館の日常的業務よりは，基本的方針にかかわる事柄に責任を負うものである。どのような場合にも，図書館長はその図書館の管理運営機関の会議に直接参加しなければならず，管理運営機関と密接に連携をとらなければならない。基本方針に関する文書は市民が入手できるものでなくてはならず，また可能な場合には，その公共図書館の整備拡充に向けて，地元市民を参加させる措置を採用しなければならない。

　公共図書館にはたらくライブラリアンは，報告書を提出したり，市民集会を開催したり，また相談や協議に応じることなどにより，その図書館の管理運営機関とみずからがサービスしようとする市民の双方に対して，十分に説明する

責任を負わなければならない。ライブラリアンはまた，その職務の遂行と，管理運営機関への助言において，もっとも高度な専門職としての基準を維持しなければならない。基本方針に関する最終的決定は管理運営機関と図書館長が行うものであるが，現実の図書館利用者あるいは潜在的な図書館利用者である地元の市民を参加させる方途を探るべきである。「図書館憲章」の理念は，これまでいくつかの国で作成されてきたが，これは公共図書館が提供するサービスの水準を明らかにし，それを公表するものである（モデル憲章として付録3を参照）。これは，公共図書館と利用者との間の‘契約’を定めるものである。図書館憲章が利用者との協議のうえで作成されれば，その信頼性はもっと高められることになる。

▶フィンランドの大学図書館は，電子サービス，電子メディアおよび電子コレクションのよりよい管理のための技術計画文書を作成した。設備機器の利用，研修，電気通信と帯域幅，特定のウェブページへのアクセスの遮断，一人あたりのコンピュータ台数および設備機器更新計画などの技術標準に関する基本方針が項目として含まれている。
〈http://www.docstoc.com/docs/29302907/Joensuu-University-Library〉

▶オーストラリアのクイーンズランド州立図書館は，図書館の施設設備と図書館が提供するサービスと資料コレクションに対する地域社会の人たちの効果的なアクセスを可能とする，一連の最低限の運営業務に関する諸基準とガイドラインの概要を示している（付録6参照）。

2.6　公共図書館の運営

　公共図書館は適切に管理され，運営されなければならない。公共図書館の運営は図書館サービスの質の向上を目指すものであって，運営のための運営を目的とするべきものではない。図書館運営は効果的で，関係者に説明できるもの

でなくてはならない。もっともすぐれた結果を生み出すためには，大規模公共図書館のサービスに責任を負う管理・運営スタッフは，専門的技術を有する職員，たとえばライブラリアン，会計士，PR担当職員，およびシステム管理者などが加わった，多くの専門分野にまたがるものとするべきである。また，それは，設置母体当局の職員の専門的職員，あるいは特定分野においてはその他関係機関の専門的職員，たとえば法律家，年金・賃金担当職員などを加えたものとすることも必要であろう。

2.7 広報と宣伝

　公共図書館は，次第に複雑さを増していく社会のなかで運営されており，その社会が人々の時間と注目を要求するのである。そこで図書館は，その存在と，図書館が提供するサービスの範囲を広く知らせることが大切なのである。広報の手段には，図書館の建物につけられたサイン，開館時間や図書館サービスを知らせるリーフレットのような簡単なものから，マーケティングプログラム，図書館サービスと活動を推進するためのウェブサイトの利用というかなり洗練された方法にいたるまで，さまざまなものがある（第7章「公共図書館のマーケティング」を参照）。

参考文献

Bertot, J., Jaeger, P., and McClure, C., "Citizen-centered e-government services: benefits, costs, and research needs." *Proceedings of the 2008 international conference on Digital government research*. (http://portal.acm.org/citation.cfm?id=1367832.1367858 accessed 01/01/2010).

IFLA. (n.d.) Public libraries section: Acts on library services.
(http://www.ifla.org/V/cdoc/acts.htm accessed 1/01/2010).

IFLA Section of Public Libraries. (1998). *The public library as the gateway to the information society: the revision of the IFLA guidelines for public libraries, proceedings of the IFLA/UNESCO Pre-Conference Seminar on Public Libraries, 1997*. The Hague: IFLA .

Karppinen, D., and Genz, M. (2004). *National information policies: improving public library services?* Thesis (M.S.)--Florida State University
(http://etd.lib.fsu.edu/theses/available/etd-08232004-225005/ accessed 01/01/2010)

Kretzmann, J., and Rans, S. (2005). *The Engaged Library: Chicago Stories of Community Building.* Chicago, Ill: Urban Libraries Council.
(http://www.urbanlibraries.org/associations/9851/files/ULC_PFSC_Engaged_0206.pdf accessed 1/01/2010)

Maine State Library. (n.d.). Library use value calculator.
(http://www.maine.gov/msl/services/calculator.htm accessed 1/01/2010).

Online Computer Library Center, Inc. (2008). From awareness to funding: a study of library support in America.
(http://www.oclc.org/reports/funding/fullreport.pdf)

Sarkodie-Mensah, K. (2002). *Helping the difficult library patron: new approaches to examining and resolving a long-standing and ongoing problem.* New York: Haworth Information Press.

Susman, T. (2002). *Safeguarding our patrons' privacy: what every librarian needs to know about the USA PATRIOT Act & related anti-terrorism measures : A satellite teleconference cosponsored by American Association of Law Libraries, American Library Association, Association of Research Libraries, Medical Library Association, Special Libraries Association.* Washington, DC: Association of Research Libraries.

United States Department of Justice. (n.d.). Freedom of Information Act (FOIA)
(http://www.justice.gov/oip/ accessed 1/01/2010).

Urban Libraries Council, and The Urban Institute. (2007). Making cities stronger: Public library contributions to local development.
(http://www.urban.org/uploadedpdf/1001075_stronger_cities.pdf accessed 1/01/2010)

Walker, J., Manjarrez, C. (2003). *Partnerships for free choice learning: public libraries, museums, and public broadcasters working together.* Washington DC: Urban Institute.

World Intellectual Property Organization. (n.d.). Collection of laws for electronic access (CLEA).
(http://www.wipo.int/clea/en/ accessed 1/01/2010).

Woodward, J. (2007). *What every librarian should know about electronic privacy.* Westport, CT: Libraries Unlimited.

Yarrow, A., Clubb, B., Draper, J., and IFLA Public Libraries Section. (2008). *Public Libraries, Archives and Museums: Trends in Collaboration and Cooperation.* Professional reports, #108. The Hague: IFLA.
(http://www.ifla.org/en/publications/ifla-professional-reports-108)

3 図書館利用者の情報ニーズを満足させること

「公共図書館が提供する種々のサービスは，年齢，人種，性別，信仰，国籍，言語または社会的地位のいかんを問わず，すべての人々に対して平等なアクセスを保障するという基本的原理にしたがって実施されるものである。

全国的な図書館の調整と協力を確保するために，法律と戦略的計画によって，合意されたサービス基準に依拠した全国的な図書館ネットワークを明確に定め，それを推進しなければならない。

公共図書館のネットワークは，学校図書館と大学図書館ばかりでなく，国立図書館，地域図書館，研究図書館および専門図書館とも関係づけて構想されなければならない。

図書館サービスは，地域社会のすべての構成員にとって，物理的にアクセス可能なものでなければならない。そのためには，適切な技術および利用者にとって都合のよい開館時間だけでなく，好立地の建物，十分な読書・学習用の設備・備品が必要である。同様に，図書館に来館できない人々に対するアウトリーチサービスの提供も必要である。

図書館サービスは，都市部と農村部で異なる地域社会のニーズに見合うものでなければならない。」

(『IFLA/UNESCO 公共図書館宣言』1994)

3.1 はじめに

公共図書館サービスがその目標の達成に成功するためには，そのすべての利用者地域住民に対して十分にアクセス可能なものとしなければならない。('利用者'(user)，'常時利用者'(patron)，ないしは'サービス利用者'(client)という言葉を用いても変わるところはないようにも思えるが) ここでいう'利用者

地域住民'（customers）という言葉は，公共図書館を利用していない人たちに対しても潜在的な利用者地域住民として最大限の配慮を払うべく，このガイドライン全体を通じて主に用いられている用語である。また，利用者地域住民という言葉にこめようとしたニュアンスには，個々人が特定の満たされるべき明確な情報需要や情報ニーズをもっているはずだとの認識が含まれている。

公共図書館が提供するサービスを現実に利用するかしないかの選択は，結局のところ，利用者地域住民にゆだねられている。したがって，それが意図的なものであれ偶然であれ，図書館サービスに対するなんらかのアクセスの制約が存在するとすれば，それはサービス対象である地域社会の抱える図書館情報ニーズを満足させるという，公共図書館の主要な使命と役割を十分に果たすうえで，当該公共図書館の能力を低下させることになる。次にあげるものは，公共図書館サービスを効果的に提供しようとする場合に考慮しなければならない重要な諸要因である。

- （いまだ公共図書館を利用していない）潜在的な利用者地域住民を明確にすること。
- 利用者地域住民の情報ニーズを分析すること。
- いろいろな団体や個人を対象としてさまざまな図書館サービスを開発すること。
- 利用者地域住民に対するサービスの基本方針を作成・実施すること。
- 図書館利用教育を推進すること。
- 他の諸機関と協力し，図書館情報資源を共有すること。
- 電子ネットワークを整備すること。
- 図書館サービスへのアクセスを確保すること。
- 図書館の建物を提供し，利用に供すること。

3.2 潜在的な利用者地域住民がどのような人たちかを明らかにする

公共図書館は，すべての市民と集団に対してサービスを提供することを目標

としなければならない。直接図書館に来館するか，あるいはオンラインで図書館を利用するにあたって，その個々人が若すぎるとか，高齢すぎるということは決してない。公共図書館には，以下にあげる利用可能性をもつ利用者地域住民層が存在している。

- あらゆる年齢層の，そして人生のすべての段階にある人々：
  - 子ども
  - ヤングアダルト
  - 成人
  - 高齢者
- 特別な情報ニーズをもつ個人および集団：
  - 先住民を含む，さまざまに異なった文化的背景をもつ人々および少数民族の人たち
  - 身体障害，視覚障害，弱視，聴覚障害など，障害をもつ人たち
  - 諸般の事情から家に閉じこもっている人々
  - 病院や刑務所など，施設に収容されている人々
  - 図書館サービスについて認識していない人たち
- 広範な地域社会ネットワークの内部に存在する組織・機関
  - 地域社会のなかに存在する，教育的，文化的諸機関，およびボランティアの組織・団体
  - 地元経済界
  - 地方公共団体当局など，公共図書館の設置母体に属する管理機関

たとえどんなに富裕な社会であったとしても資源には限りがあるので，すべての利用者地域住民に対して，必ずしも同一の水準のサービスを提供できるわけではない。図書館は顕在的・潜在的な利用者住民の抱える情報ニーズを分析した結果にもとづき，また代替的なサービスへのアクセスをも勘案して，現実に図書館が提供するサービスの優先順位を定めなければならない。

3.3　地域社会内部におけるニーズの分析

　誰が図書館サービスを利用し，誰が図書館サービスを利用していないかを確認することが大切である。また，地域社会における個々人や諸集団が抱えるニーズで，公共図書館が満足させることができるものを明らかにするデータを収集し，分析する必要がある（「6.10　管理運営に用いられる諸手段」を参照）。

3.4　利用者地域住民に対する図書館サービス

　公共図書館は，地元の地域社会が有するさまざまな図書館情報ニーズの分析にもとづき，サービスを提供しなければならない。図書館サービスを計画するにあたって，サービスの優先順位を明確に定め，かつ中・長期的視野をもって，サービス提供についての戦略が練り上げられなければならない。図書館サービスは対象となる集団を見定めて展開されなければならず，そのような集団が地元地域社会に存在することが確認されてこそ提供されるべきものである。

　図書館が提供する各種サービスは，いかなる形態のものであれ，思想的，政治的，宗教的，もしくは商業的圧力に屈してはならない。図書館サービスは，社会におけるさまざまな変化，たとえば家族構成，雇用形態，人口統計上の変動，文化的多様性およびコミュニケーションの方法における諸変化を反映するよう調整し，発展させることができなければならない。図書館サービスは，たとえば情報通信技術の利用に踏み込むだけでなく，口頭でのコミュニケーションを重視するなど，新しい技術と同様に伝統的な文化を考慮しなければならない。少なくない国々においては，公共図書館が提供しなければならないサービスは図書館立法によって定められている。

3.4.1　図書館サービスの提供

　公共図書館は，利用者地域住民のニーズを満たすために，館内と図書館から外に出て宅配で，また地域社会のなかで，一定の範囲を対象とするサービスを提供している。図書館は，身体的あるいは精神的な障害によって図書館サービ

スを利用することが困難な人々を含め，すべての人々にとって図書館サービスが容易に享受できるようにしなければならない。以下に掲げる諸々のサービスは，多様な形式形態，さまざまなメディアによって，またインターネット経由を含めて，利用者地域住民ができる限り容易に利用できるようにするべきである。

- 図書およびその他のメディアの貸出
- 館内利用のための図書およびその他の資料の提供
- 印刷資料および電子メディアを利用した情報サービス
- 予約サービスを含む読者相談サービス
- 地域情報サービス
- 識字教育事業支援を含む，図書館利用についての教育
- 新規事業の企画とイベントの開催
- レファレンスサービスと広報活動の両方を目的として利用される，ブログ，携帯電話のテキストメッセージおよびソーシャルネットワーキングサービスなど，現代的なコミュニケーションツール

うえにあげたこれらのサービスの一覧は網羅的なものではなく，公共図書館の主要なサービスのいくつかを示したにすぎない。提供するサービスの範囲と程度は，当該図書館とその図書館がサービスの対象とする地域社会の規模による。すべての図書館は，ひとつあるいは2つ以上のネットワークに積極的に参加することを意図すべきであり，そうすれば最寄りのアクセスポイント（利用拠点）がいかに小規模であろうとも，利用者地域住民に対して広範囲に及ぶ情報資料とサービスの利用を可能にできる。図書館サービスの提供は図書館の建物の中に限定されるべきものではなく，来館が困難な場所に住んでいる利用者住民に対してはその住民に直接提供されてしかるべきである。館内と館外の両方に図書館サービスを提供しようとすれば，印刷物によるだけでなく，当然，情報通信技術が利用されることになる。公共図書館が提供するべき少なくない

情報資源の一覧については，4.3.1 に詳細に論じられている。

3.4.2　子どもたちに対する図書館サービス

　広範囲にわたる情報資料を提供し，多様な活動を展開することにより，公共図書館は，子どもたちに対して，読書の喜びや知識と想像力にあふれる諸作品を見つけ出したときの興奮を実感する機会を提供する。子どもたちとその親たちには，図書館の上手な利用のしかた，そして印刷資料と電子メディアの利用に関する知識とスキルをどのようにして身につけるかを教えなければならない。

　公共図書館には，子どもたちに対して，読書することを学ぶ過程を支援し，また図書とその他のメディア利用を推進する特別な責任がある。関係する調査研究によれば，子どもたちが子どものときに読書や図書館利用の習慣を身につけなければ，成人したときに読書や図書館利用習慣が身についていることはほとんどないとの結果が示されている。したがって，図書館は子どもたちのためにアウトリーチサービスを実施したり，特別のイベントを開催しなければならず，そこにはストーリーテリングや諸々の図書館サービスや情報資源を利用した活動が含まれる。そして，子どもたちは早い時期から読書に親しみ，情報リテラシーのスキルを身につけ，また図書館を利用することが奨励されるべきである。複数の言語が使われている国々においては，子どもたちのための本やマルチメディア資料は，彼らの母国語のものが利用できるようにしなければならない。

▶フランスには，児童保健局と協力して，親とその子どもが医療相談を待っている間に，親と子を対象とする事業を実施している公共図書館がある。この事業のねらいは，ゼロ歳児から 3 歳児までの子どもたちを対象として，親が自分の子どもに対して読み聞かせをすること，そして公共図書館に行くことを奨励するものである。

▶ルーマニアのブカレストでは，市立図書館では，ボランティアたちによって，夏

期にいくつかの事業が実施されており，それらの事業は両親がともにはたらいている家庭の 11 歳から 14 歳までの子どもたちを対象としている。
- オランダでは，公共図書館は，50 歳を超える年齢の人たちから構成されるグループに対して，学校，幼稚園，保育所で，子どもたちに読み聞かせができるように訓練している。
- オーストラリアのクイーンズランド州においては，公共図書館は，5 歳未満の幼児とその両親および保護者の集会や，ストーリーテリング，学級訪問，図書館オリエンテーション，読書会，インターネットの利用指導，宿題支援クラブなど，子どもたちを対象とするさまざまな活動を展開している。
- アメリカ合衆国のカンザス州ジョンソン郡における図書館のサービスでは，就学前から小学校 1 年までの子どもたちに対して，'本を読んで大きくなろう' と名づけられた資料セットを提供していた。それぞれのセットが特定のテーマをもち，そこには 5 冊の本と録音テープ 1 点，ビデオ 1 点，そして学習教材フォルダー一式が含まれている。
- シンガポールでは，地元の草の根の組織と協力し，10 歳未満の子どもたちを対象とする 41 館の児童図書館が設立された。地元の草の根組織と協力し，10 歳以下の子どもたちを対象とする 41 の児童図書館が設置された。それらの児童図書館には，1 万点の資料からなるコレクションが備えられ，十分なインターネット接続サービスの利用が可能で，またストーリーテリングのための部屋が整備されている。創設に要した資金は，図書館委員会と地元の組織によって調達された。
- 北欧諸国の多くの図書館では，はじめて母子健康センターを訪れる親子に対して，本を 1 冊プレゼントすることで，図書館利用のきっかけにしてもらうという試みを行っている。
- 「未来の児童図書館整備に向けての十戒」という文書は，デンマークにおける児童図書館サービスについての勧告と提言を内容としている。
〈http://splq.info/issues/vol41_3/04.htm〉
- 「若者たちの夢の図書館」と題する報告書は，デンマークの若者たちがありのままの彼らを受け入れる図書館を望んでいることを示している。また，ここで提示さ

れている夢の図書館は周到に計画された，容易に利用できるものとなっている。若者たちは，ライブラリアンたちに対して，彼らの若者らしい行動を受け入れたうえで，彼らが支援を必要とするときには身近なところにいてほしいと願っている。〈http://splq.info/issues/vol40_1/04.htm〉

▶ ロシア連邦のオムスク市の市立図書館中央システムは，「子どもたちの本の世界」と銘打った文化的・教育的プロジェクトを実施した。その目標は，未就学児童たちとその親たち，保護者ならびに就学前教育諸機関のなかで，読書に対する積極的な取り組みのいっそうの拡大が実現することを目的としていた。
〈http://www. lib.omsk.ru/csmb.php?page=pp33〉

▶ モスクワにある，市立中央 A.P. ガイダル記念児童図書館では，障害をもつ親たちと障害児に対して情報を提供している。
〈http://www.gaidarovka.ru/index.php?option=com_content&task=category&sectionid=6&id=87&Itemid=292〉

3.4.3　ヤングアダルトに対する図書館サービス

　子どもとおとなの間に位置する若者たちは，自分たち自身の独自の文化をもった，社会を構成する個々独立のメンバーとして成長する。公共図書館は彼らのニーズを理解し，彼らのニーズを満たすサービスを提供しなければならない。電子情報資源へのアクセスを含め，彼らの興味関心と文化を反映する諸々の情報資料が提供されなければならない。少なくない場合においては，このことは，たとえば人気のある流行小説，図書とテレビのタイアップシリーズ，音楽，DVD，ティーンエイジャー向けの雑誌，ポスター，コンピュータゲーム，コミックブックなど，伝統的な図書館所蔵資源の一部とされてこなかった多様なメディアの形態をとる，若者文化を表現する情報資料の受け入れを意味するであろう。若者の興味と関心を確実に反映した資料を選択するためには，若者たちの支援を得ることが大切である。比較的大規模な図書館においては，このような資料は，それにふさわしい図書館家具を使って配架・展示され，当該図書館

の特別な一部門を構成することがある。こうした若者たちのための部門の設置は，図書館が彼らのために存在すると感じさせることにつながり，この年齢層の集団にはよくみられる，自分たちが図書館から疎外されているという感覚の打破にも役立つ。また，関連する行事やヤングアダルト対象の講演も実施されるべきである（『IFLA ヤングアダルトに対する図書館サービスのためのガイドライン』を参照）。

▶ ドイツのハンブルクでは，EXIT と呼ばれているプロジェクトにおいて，ヤングアダルトたちは，ヤングアダルト向けの図書館コレクション構築のために，メディアの選択と受け入れを支援している。その情報資料の選択は，彼らヤングアダルト層の文化的背景を反映している。その若者たちは自分たち独自のインターネットカフェを組織し，財政的支援を獲得した。〈http://www.buecherhallen.de/〉

▶ オーストラリアのクイーンズランド州では，公共図書館のスタッフは，ヤングアダルトたちとともにはたらくことについての専門的な研修を受けている。その研修の内容には，利用者に対する配慮，イベントをつくり出す発想，および 10 代の若者たちに助言するボランティアグループや宿題支援クラブの運営のしかたが含まれている。地元のティーンエイジャーたちと一緒になって，多くの図書館は若者専用の空間を整備してきた。

▶ シンガポールにおいては，18 歳から 35 歳までの人々を対象とする図書館が，ショッピング地区の中心に設置された。対象とされた年齢層の人たちから構成されるいくつかのグループは，情報資料構成が備えるべき諸特性の画定やその図書館の設計を支援した。

▶ アメリカにおいては，「マサチューセッツ州におけるヤングアダルトを対象とする公共図書館サービスに関する基準」〈http://www.masslib.org/yss/REVISIONFeb051.pdf〉が作成されており，そのなかで，電話やオンラインの照会に対応する，宿題支援のほか，個人的な，就職や大学進学に関する情報ニーズに応えるレファレンスサービスの提供を奨励している。マサチューセッツ州のヘーバリル公共図書館のレ

ファレンスライブラリアンたちは，若者たちとのコミュニケーションを改善しようとして，インスタントメッセージやテキストメッセージ，電話および電子メールを利用している。〈http://www.haverhillpl.org/Services/askalibrarian.html〉

3.4.4 成人に対する図書館サービス

成人たちは，調査研究，職務および個人的な私生活において，彼らが遭遇する多様な状況に関連して，さまざまに異なる情報や図書館サービスに対する要求をもっている。これらの成人たちが必要としているものについては，分析検討されなければならず，その分析結果にもとづいて図書館サービスが組み立てられる。提供されるべき図書館サービスには，以下にあげるものに対する支援が含まれるはずである。

- 生涯学習
- 余暇活動にかかわる趣味・関心
- 情報ニーズ
- 地域社会における諸活動
- 文化的活動
- レクリエーションに資する軽読書

また，これらのニーズを満足させる図書館サービスは，子どもたちやヤングアダルトも利用できるものでなければならない。

3.4.5 生涯学習

公共図書館は，あらゆる年齢層に属する学生たちに対して，正規の教育を身につけるよう援助する学校およびその他の教育諸機関と協力して，生涯学習を支援している。教育的な支援を提供するという大きな仕事は，公共図書館が教師その他の教育に関係する人たちと協力し，情報交換をする機会を与えている。

また，公共図書館は，人々がみずからの興味と関心を追究することができ，彼らの正規の教育と非正規の教育を支援するため，多種多様な主題に関する広範な資料を提供しなければならない。そのうえ，公共図書館は，読み書き能力と基礎的な生活技術の向上を支援するために，情報資料を提供しなければならない。それに加えて，図書館は，家庭において学習に必要な設備が不十分もしくはまったくない学生に対して，学習に必要な設備を提供しなければならない。

遠隔学習の拡大は，公共図書館に影響を及ぼしつつある。家庭で学習している遠隔学習の受講者は一般に，地元の公共図書館を主要な学習資料センターとして利用するものである。そこでは，多くの人たちが，公共図書館が提供すべきものとして，インターネットへの接続を要求するであろう。公共図書館は，教育的ネットワークのなかで，ますます重要な役割を演じることになり，このような要求を満足させるために，場所と情報資料へのアクセスを提供しなければならない。

▶アイルランドのサウスダブリン・カウンティ図書館局は，コンピュータ支援学習資料や語学学習用録音・録画教材を含む，成人を対象とする独習用の学習施設を提供している。そのねらいは，一人ひとりが自分自身のペースで学ぶことができるなんらかの主義や価値観を刷り込もうとしない中立的で利用しやすい環境を提供することにある。

▶アメリカ合衆国のオクラホマ州の2つの図書館は，全米人文科学基金から補助金を得て，新たに成人となった図書館利用者のために，ディスカッショングループを組織し，支援している。そのグループは一度に1冊，ふつうは古典を読み，そして進行役の援助を受けて，それについて議論をする。

3.4.6　余暇活動

人々は，みずからの趣味と関心にそった余暇活動を支援する情報を必要とし

ており，さまざまな形態の広範な情報資源によってこのニーズを満たすことは，公共図書館のいまひとつの重要な役割である。公共図書館は，地域社会における文化的，社会的および経済的な変化を理解し，これらの変化に十分弾力的に対応できる図書館サービスを開発しなければならない。また，公共図書館は，地域社会の固有の文化，歴史および伝統の保存を援助し，それらを利用しやすくするべきである。

公共図書館は，種々の活動を組織し，その諸資源を利用して，あらゆる年齢層の人々の芸術的，文化的な成長・発達を促進しなければならない。また，公共図書館は，個人やグループが公式，非公式に出会い，交流する重要な社会センターのひとつでもある。この役割は，ほかの集会施設や場所が利用できない地域社会では，特に大切なものである。

3.4.7 各種情報サービス

情報技術の急速な発展は，電子メディアにアクセスできるすべての人々の手の届く範囲に，おびただしい量の情報をもたらした。情報提供は常に公共図書館の主要な役割であったし，また近年，情報の収集，利用および提供の方法が，抜本的に変化している。そこでは公共図書館は，情報提供に関して以下にあげる役割を担っている。

- すべてのレベルの情報に対するアクセスを提供すること。
- 地元地域社会に関する情報を収集し，すみやかにそれをアクセス可能にすること。そのとき，他の諸機関の協力の下に行うことも少なくない。
- すべての年齢層の人々に対して，情報の利用のしかたとそれに関連する技術を教えること。
- 利用者地域住民を適切な情報源に案内すること。
- 障害をもつ人々に対して，主体的に情報にアクセスする機会を提供すること。
- すべての人々に対し，情報をアクセス可能なものとすることによって，情

報の世界への入口としての役割を果たし,「情報富裕者」と「情報貧困者」との間の格差を埋めるよう援助すること。

インターネットの劇的な発展は,その大半が構造化されておらず,制御されてこなかった。インターネットを通じてアクセスできる膨大な量の情報は,その情報の品質と正確さがさまざまで,玉石混淆である。したがって,ライブラリアンの主要な役割のひとつは,利用者地域住民を彼らの諸要求に見合った正確な情報資源に案内することになる。

▶ デンマークのホーセンスでは,図書館は,情報ブースに職員を配置し,政府情報,地域情報および地元地域社会の情報を提供し,情報ニーズをもつ人々にそのニーズに対応する適切な公的な部署を教示したり,また行政に提出する文書の様式への記入を援助したりしている。この情報ブースは,消費者からの質問に対してもまた回答を与えている。質問の処理には,印刷資料とインターネットの両方が利用されている。〈http://www.bibliothek.horsens.dk〉

▶ コロンビアのメデジンにあるコンフェナルコ公共図書館は,公的諸機関,地元の名士,文化的イベントおよび公共サービスに関連する諸手続きを含む,同市についての最新の情報を掲載したウェブサイトを提供している。また,そのウェブページには,利用者地域住民から頻繁に尋ねられる質問についての一連の案内情報が公表されている。〈http://www.comfenalcoantioquia.com/sil〉

▶ 図書館と〈市民ポータル〉'Borger.dk'(このウェブサイトの名称の意味は'市民.dk')と銘打ったキャンペーンは,市民に対してこの確立されたインターネット上のポータルサイトへのアクセスを奨励する,デンマークの公共図書館界が全国的に展開しているものである。このウェブサイトは,国民にとっては,これまでより公的諸機関との間の個人的コミュニケーションの改善に役立つよう仕組まれている。〈http://splq.info/issues/vol42_3/07.htm.〉

3.4.8 地域社会の各種団体に対するサービス

　公共図書館がその諸活動によって十分な役割を果たすためには，公共図書館は地域社会の中心に位置づけられなければならない。したがって，公共図書館は，地域社会に存在するその他の諸団体や諸組織と協働しなければならない。それらのなかには，政府や地方政府の各部局，経済界や諸々のボランティア組織が含まれる。これら諸機関・団体のもつ情報ニーズについての分析が行われなければならず，これらのニーズを満足させるサービスが提供されなければならない。このようなサービスは関係する諸組織を支援するばかりでなく，図書館サービスの将来についてなんらかの影響を及ぼしそうな地域社会の人々に対して，実質的に公共図書館の価値を実証することになる。たとえば，多くの公共図書館は，地方政府を構成する政治家や職員に対して情報サービスを提供し，公共図書館の価値を現実に実証している。

▶ イギリスのエセックス・カウンティ・ライブラリーは，ボランティア組織のためのウェブサイトを開設した。同図書館は，とても営利的とはいえないわずかな料金でこのサービスを提供している。
▶ アメリカ合衆国のアリゾナ州では，先住民であるフアラパイ族の子どもたちやおとなが利用する図書館内のコンピュータラボの整備に補助金が用いられている。
▶ イギリスのウェストミッドランズ地域では，ヨーロッパ地域振興基金（European Regional Development Fund）からの資金援助を得たひとつのプロジェクト（INTER-ALL）が，中小企業に対して情報を提供している。また，同地域内の13の図書館に学習情報センターが設置され，15人の専任職員ポストがあてられている。

3.4.9 特定の利用者地域住民から構成される諸集団に対するサービス

　どのような理由であれ，図書館が提供する通常のサービスを利用できない潜在的な利用者地域住民は，図書館サービスに平等にアクセスする権利をもって

いる。イギリスにおいては，すべての図書館は障害者差別禁止法を遵守しなければならず，またアメリカにおいては障害をもつアメリカ人法を守らなければならない。公共図書館は，障害をもつ人たちに対して，どのような場合においても，図書館資料と図書館サービスにアクセスできるようにする方法を確立するよう努めなければならない。

　図書館の管理職は，地元地域社会の関係条例を熟知し，その定めを遵守しなければならない。そのような規定としては，以下に掲げる定めが含まれる。

- 孤立した地域に住む人々にサービスを提供する目的をもつ移動図書館，図書館船その他の資料搬送形態など，特別の資料輸送
- 家に閉じこもっている人たちの家庭に届く図書館サービス
- 労働者のために行われる，工場や工業関係施設に届けられる図書館サービス
- 刑務所や病院など，一定の施設に収容されている人たちに対するサービス
- 聴覚障害や視覚障害をもつ人たちなど，身体や感覚に障害がある人たちのために提供される特別の設備・機器および読書用資料
- やさしく読める資料やマルチメディアなど，学習障害をもつ人たちに対する特別の資料
- 移民の人たちや新しく市民になろうとする人たちに対して，これまでとは異なる社会のなかで自分たちの生き方を見出そうとする彼らを支援し，彼らのもともとの固有の文化を表現するメディアへのアクセスを提供するサービス
- インターネット，種々の電子データベースやその他のオンライン情報資源など，資料電子的なコミュニケーションメディア

　特別なニーズをもつ人々に対する図書館サービスは，視覚に障害をもつ人々のための音声合成機器，孤立した地域に住む人々や自宅を離れることができない人々にはオンライン閲覧用目録，遠隔学習用のリモートサイトへのインター

ネット接続など，新しい技術の導入によってさらに充実させることができる。サービス提供手段の主流をなすもの，たとえば利用者用オンライン目録などは，多くの場合，身体や感覚に不自由さをもつ人々のニーズを満足させるために改造することができる。技術の進歩からもっとも多くの便益を享受しうる人たちは，それを実現する研究開発に必要とされる投資をほとんどなしえない人々であることが多い。したがって，できるだけ多くの人々が図書館サービスを利用できるように，新しい技術を活用する革新的な計画が，公共図書館によって作成されなければならない。

地域社会における少数民族のグループや土着の人々に対する図書館サービスは，その人たちのグループと相談しながら進めなければならない。そのようなサービスには次のようなものが含まれるであろう。

- サービス対象となる集団からの図書館職員の採用
- 地元の特定集団に固有の文献と，その地域に住む特定民族・種族に伝わる口承文学および文字で書きあらわされなかった知識を含む情報資料コレクション
- 文化的に取扱いに関して微妙なところを含む資料について，公共図書館がその地域の人々とともに検討し，こしらえた特別な利用条件の適用

▶オーデンセ大学病院情報センター（Information Centre at Odense University Hospital）は，デンマークでもっとも古い患者向け図書館のひとつである。同センターは，健康や特定の病気に関する情報提供のほか，患者やその家族に対して多くの学問領域にわたる特色あるサービスを展開している。
〈http://www.ifla.org/files/lsn/newsletters/66.pdf〉

▶デンマークにおける「少数民族に対する人種差別廃止に向けての実地踏査」（Integration Exploratory for Ethnic Minorities）プロジェクトは，少数民族を対象とする図書館サービスに焦点を当てたもので，新しい図書館サービスを実施し，

既存の図書館サービスを改善する目的から，「(少数民族に属する人たちが) 自分自身で意思決定し，行動できる能力を身につけるように仕向け，新たな利用者を開発する」という方向性をもつ諸理論を具体化しようとしている。
〈http://www.odense.dk/web/eksperimentarium/english.aspx〉

▶ロシア連邦のノボーラルスク公共図書館中央館のウェブサイトには，'あなたに役立つこと' というタイトルが付されたページがあり，図書館や障害をもつ人たちにサービスを提供するその他さまざまな施設に関する情報やすぐれた実践例が数多く掲げられている。〈http://www.publiclibrary.ru/readers/mercy/about.htm〉

▶ノルウェーのオスロ公共図書館では，言語的少数派に属する人々を対象として，14の言語で利用できる特別仕立ての便利なウェブサービスを運用している。そこには，図書館，文化，ノルウェー社会，そしてノルウェー語の学び方に関する情報が掲載され，また少数民族を支援する諸組織を紹介している。
〈http://bazar.deichman.no/〉

▶クロアチアの公共図書館では，障害のある人々を対象に，読書療法や（より容易に読める資料を用いた）言語読書療法など，識字教育やいくつかの読書案内事業を実施している。

3.4.10 地域社会における公共図書館

　図書館サービスは，図書館という壁のなかにとどまるものではない。図書館が提供する各種サービスは，地域社会の全体のなかで重要な場所では必ず提供されるはずのものであり，アクセスできるものである。人々が集まる場所へサービスを提供すれば，図書館は容易に来館できない人たちにつながることができる。

▶チリのサンチアゴでは，地下鉄の駅で図書館サービスが提供されてきた。
▶スペインのカタルーニャ州やポルトガルにおいては，夏の数か月の間，行楽客向

けの海浜図書館が開設される。

▶図書館サービスを届けるために，多様な物流手段が用いられている。自動車図書館は，多くの国々で広く行われている。ノルウェーやインドネシアには図書館船があり，そこではまた自転車や3輪の輪タクも利用されている。ペルーではロバが図書だけでなくラップトップコンピュータを運んだこともあり，ケニヤではラクダが，エチオピアではロバが引く荷馬車が利用されたこともある。オランダのアペルドールン市では，図書を家庭やオフィスに届けるために，モペット（原動機つき自転車）が使われている。

▶南アフリカの一部では，生活基盤が整備されていない非正規の入植地や不法居住者が占拠している地域に対しても，図書館サービスが提供されてきた。これはさまざまな方法によって行われており，たとえば自動車のトランクや，診療所のスチールキャビネット，木陰におかれたり個人または商店に設置された貨物コンテナを通じて，図書館サービスが地域社会のほかのメンバーに提供されている。まとまった分量の資料が，学校や老人ホームに（団体）貸出されることも少なくない。また，図書館に行くことができない子どもたちのなかには，術後治療センターでストーリーテリングが行われたり，学校の授業についての情報が提供されることがある。

▶コロンビアにおいては，人々が集まるいろいろな場所に，300冊の図書が入れられたスチールキャビネットが提供されていた。そこにはベンチがおかれ，近くには掲示板が設置されていた。図書を備えたキャビネットは，1日に約2時間市民の利用に開かれていた。

▶アメリカのバージニア州，マナサス市では，ショッピングセンターの入口に同州の最初の電子図書館が設置された。そこには1冊の図書もないが，コンピュータ利用と情報技術のコース，そして仮想図書館サービスが提供された。マナサス市のあるプリンスウィリアム郡の住民は無料で利用することができる。

3.4.11 読書の振興と識字教育

　読み，書き，そして数を数える能力は，社会を構成し，かつその社会を動かしていくメンバーの一員となるための基礎的な前提条件である。また，読み書きは，新しいコミュニケーションシステムを利用するために必要とされる基本的な技術でもある。公共図書館は，人々が現代的な技術を最大限利用できるようになるための諸活動を支援しなければならない。公共図書館は，人々の識字能力を向上させ，メディアを使う能力を身につけさせるために奮闘している他の諸機関を支援するべきである。公共図書館はこのような任務を，以下にあげることがらを実施することによって，達成することができる。

- 読書を振興すること。
- 識字能力に乏しい人たちに対して適切な資料を提供すること。
- 識字能力の向上に奮闘している，地域社会のなかにある他の諸機関と協働すること。
- 識字率を向上させ，基礎的な計算能力を身につけさせるための諸々のキャンペーンに参加すること。
- 読書，文学およびメディア文化に対する関心を促進する種々のイベントを組織すること。
- コンピュータ技術の利用を促進し，その教育の機会を提供すること。
- メディア市場における新たな展開についての理解を促進すること。
- 人々に対して，彼らが必要とする適切な形態の情報を探索するのを援助すること。
- 新しく市民となった人たちが新たな社会的環境のなかで生活するのに役立つ必要な教育上のスキルを獲得するのを手助けするため，教師，両親，およびその他の関係者と協力すること。

　公共図書館は，一連の独創的な文献を提供し，販売促進の技術を使って，所蔵資料の多様さと広い主題範囲をカバーしていることを利用者地域住民に気づ

かせることができる。また，公共図書館は，利用者地域住民の間で，彼らが読んだ図書に関して意見を交換する相互交流のプログラムを組織することができる。

▶イングランドのワンズワース・ロンドン特別区で開発された相互交流のプログラムは，マルチメディアソフトウェアを用いて，図書館利用者が読書を試み，彼らが読んだ図書について話し合うことを奨励しようとするものである。

▶デンマークのコペンハーゲン図書館がさまざまな出版社と協力して運営されている「ブックバイトプロジェクト」では，小説の一部が電子メールで約 1,000 人の購読者に配信される。さらにその 1 週間後に，購読者のそれぞれは第 1 章全体を受信する。
〈http://www.bibliotek.kk.dk/bibliotekerne/biblioteksudvikling/projekter/projekt-bogbidder-til-alle〉

▶アイルランドのオファリイ県図書館とリメリック県図書館は，一定の識字能力をもった児童生徒や教師，地元の識字教育に取り組んでいる人たち，および全国成人識字教育局と協力して，識字能力を育てる資料を積極的に提供している。これらの図書館は，広範囲にわたる図書やその他の資料を一定の識字能力を備えた成人学生や教師が利用できるようにしており，広く読書文化の推進に努めている。

▶シンガポールにおいては，公共図書館はボランティアの自習支援グループと協力し，英語を学習している女性たちを教育している。図書館のなかに英語教室が開かれ，図書館は必要な情報資源を提供することによって，その事業を支援している。

▶コロンビアのメデジン市にあるコンフェナルコ図書館は，同市で発行されている主要な新聞に週 1 回専用のページを与えられており，そこに児童書に関する評論や批評を載せている。

▶デンマークの「読書への愛プロジェクト」は，バイリンガルの子どもたちに読書の喜びを感じてもらうための試みである。子どもたちは，さまざまなジャンル，レ

ベルからお気に入りの本を選ぶよう促され，同時に図書館の利用方法についても学習する。この取り組みはまた，図書館を地元地域社会や近隣コミュニティのひとつの核として積極的に位置づけようとする努力をあらわしている。
〈http://www.bibliotek.kk.dk/bibliotekerne/biblioteksudvikling/projekter/projekt-leselyst〉

3.4.12 情報リテラシー

公共図書館は，情報リテラシーを獲得しようとしている利用者地域住民を支援しなければならない。ここでいう情報リテラシーとは，個人が，自分が情報を必要としていることを認識し，必要な情報がどこにあるかを発見し，評価し，必要とされた情報を効果的に利用できる能力をいう。学校に通う児童，大学に通う学生，教育機関ではたらく専門職業人たちは，専門的知識とスキルを備えたライブラリアンの助けを借りて，自立的・主体的な情報探索能力を身につける機会があるかもしれないが，公共図書館がサービスの対象とする一般市民の大半はそのような助けを得ることができない。市民が直面しているのは，まさしく情報ニーズと急速に変化するテクノロジーである。比較的幸運な場合には，人々は合理的に職員配置され，正当な資金を与えられた公共図書館を利用することができ，図書館は彼らが必要とする情報の世界に導いてくれる。

最新技術によって産み出される情報空間（インフォスフェア）は，あらゆる情報探索者を圧倒しかねない。だからこそ，21世紀においては，公共図書館ではたらくライブラリアンは，自分たちがこれまで以上に多くのことをなしうることを理解している。

▶スペインでは，文化省は専門家のグループに対して住民の情報リテラシーにかかわるスキルを向上させようとする計画の作成過程で一定の役割を果たすようにはたらきかけている。〈http://www.alfinred.org/〉
▶グラスゴー市の図書館の一部であるグラスゴーリアル学習センターは，学習支援

担当係（Learning Support Officers）と呼ばれるチームを新たにつくり，同センターに配置している。（そこには，ラーニングポートフォリオが備えられ，情報通信機器が利用でき，雇用可能性を高めるプログラムも実施されている。）このプロジェクトは，グラスゴー市内の図書館と商工会議所とが連携して運営されている。

▶南アフリカ共和国のムプマランガ州の図書館職員を対象とするところからはじめられ，やがてその対象を農村部の図書館職員に拡大された研修は，'サービス提供を改善し，図書館利用者にスキルを習得させることによって，公共図書館のイメージと評価を高めるために'図書館職員の情報リテラシーを向上させることを目的としていた。

▶ビル・アンド・メリンダ・ゲイツ財団の寛大な寄付によってもたらされたコンピュータとネットワーク化された情報へのアクセスを通じて得られた，ワールドワイドウェブ上の情報資源へのアクセスは，世界中の公共図書館利用者たちに利益を与えてきた。

▶イギリスのバーミンガム中央図書館学習センターは，独立した個人と協働的に行われる生涯学習を支援する紙媒体などの物質的資料と電子形態の図書館情報資源の両方へのアクセスを提供する，ひとつの公共図書館組織に統合された。

▶ニュージーランドのクライストチャーチ市立図書館は，3か所の学習センターへのアクセスを提供している。これらのセンターは，コンピュータ利用を中心とするグループ学習に関する事業や活動を実施可能とする，学習を支援する場所，サービスおよび技術を備えている。

▶中国の武漢地区では，ある公共図書館は利用者を対象とする情報知識・技術に関する研修事業に乗り出した。

▶世界中の図書館が，子どもたちにとってのインターネット利用の安全性に関する講座を提供している。アメリカのフロリダ州のタンパ＝ヒルズボロ郡公共図書館では，インターネットの安全性について教育するためにネットスマーツキッズ（NetSmartz Kids）のプログラムを利用している。

〈http://www.hcplc.org/hcplc/justkids/adults/internet.html〉

▶25館の図書館から構成されるアメリカ図書館協会とFINRA投資家教育財団の支

援を得た全国的ネットワークは，'賢い投資と図書館'（smart investing@your library）と名づけられたウェブサイトを通じて，現在，アメリカの公共図書館を利用する800万人以上の人たちが利用可能な情報資源を構築している。これらの図書館の多くが，YouTubeや仮想世界を提供するセカンドライフ（Second Life），およびその他のソーシャルネットワーキングツールを含む新しい手段を利用して利用者に情報サービスを提供している。〈http://smartinvesting.ala.org〉

3.5 利用者地域住民に対する十分な気配り

　図書館の基本方針と諸手続は，図書館とその職員の都合を考えたものであってはならず，利用者地域住民のニーズと便益にもとづくものでなければならない。図書館が利用者地域住民のニーズに十分な感受性をもち，その提供するサービスを彼らのニーズを満足させるように仕組んでこそ，はじめて質の高い図書館サービスを提供することができる。利用者地域住民が満足感を得たとき，図書館サービスの最大の理解者となり，支援者となる。

　公共図書館は，利用者地域住民に対する明確な気配りを表現した基本方針をもたなければならない。このことは，図書館の設計やシステムの設計，業務運営手続きの作成，情報案内と広報資料の草案づくりなど，あらゆる基本方針の作成にあたって，主要な目標は利用者地域住民に対する積極的な対応にあるということの確認を意味している。以下にあげる諸々の措置が，利用者地域住民への配慮に関する基本方針を構成する諸原則とされなければならない。

図書館職員に関するもの：
- すべての図書館が基本的方針において企図する図書館職員のイメージは，不偏不党で公平なものでなければならない。
- 図書館職員は，利用者に対して，常に礼儀正しく，親切で，敬意にあふれ，そして役に立つ存在でなければならない。
- 利用者地域住民への気配りに関する職員研修が定期的に開催されなければ

ならない。
- すべての図書館職員は，心身に障害をもつ人々，また少数民族出身の人たちとの接し方についての基本的な認識に関する研修を受けるべきである。
- 職員は，電話で応対する場合，親切に接し，内容がよく伝わるように話さなければならない。
- 口頭および文書によるあらゆる形態のコミュニケーションにおいて，仲間内にだけしか理解できない業界用語の使用は避けなければならない。
- 図書館サービス（の各種メニュー）について書かれている印刷物の情報のすべては，大活字版，録音テープ，CD，デジタル形式など，適切なその他の情報媒体でも利用できなければならない。また，図書館サービスについての解説は，公用語以外の他の諸言語でも利用できるようにするべきである。
- 利用者地域住民との間のコミュニケーションについては，掲示板や公報，ウェブサイトなど，複数の手段を採用するべきである。
- 利用者地域住民は，可能な限り速やかに（図書館からの）回答が受け取れなければならない。（利用者から図書館にあてられた）手紙やその他の形態のコミュニケーションについては，迅速かつ礼儀正しく回答がなされるべきである。

サービスおよび施設設備に関するもの：
- 図書館サービスは，適切妥当に計画され，十分な準備を経て実施もしくは設置され，信頼できる確かなものでなくてはならない。
- 図書館の設計は，可能な限り便利なものとし，利用者にとって魅力的なものでなければならない。
- 開館時間は，大多数の利用者地域住民にとって都合のよいものでなくてはならない。
- 図書館の所蔵目録と図書館が運営しているウェブサイトは，利用者地域住民が自宅および外部から開館時間に各種図書館サービスにアクセスできる

ように，オンラインで利用できなければならない。
- 1日24時間電話もしくはオンラインでアクセスできるなど，リモートアクセスを可能とするサービスを提供し，効率のよい貸出更新手続きと予約サービスを実施しなければならない。
- 利用者地域住民のニーズがそれを要求する場合には，図書館サービスは図書館の建物を越えて提供されなければならない。
- 利用者が図書館から借りた資料を開館時間を超えて返却するためのボックスや，館内に設置される自動貸出返却装置，開館時間外に図書館と連絡するための自動応答装置や電子メールやボイスメールなど，図書館利用を便利にするために施設設備が整備されなければならない。
- 視覚障害や聴覚障害をもつ人たちのための特別な装置を含めて，十分な品質の電子的施設設備が館内に設置されなければならない。

3.5.1 利用者地域住民の参加

利用者地域住民は，以下に掲げることがらを通じて，図書館サービスの整備充実にかかわりをもたされるべきである。

- （図書館が）調査を実施し，利用者地域住民に対して，どのような図書館サービスを利用し，またいかなる図書館サービスを求めているかを質問すること。
- （図書館が）利用者地域住民の不満を分析し，それに応えること。
- （図書館が）各種図書館サービスと新規の事務事業に対する利用者地域住民の反応を観察すること。
- （図書館が）利用者地域住民から得られたはたらきかけを基本的方針の作成や諸手続きの過程で必ず検討されるようにすること。
- 図書館サービスの改善・向上に関する利用者地域住民のはたらきかけに対する（図書館側の）検討結果を当事者たちにフィードバックすること。
- 利用者からの声を聞くご意見箱を設置し，図書館に対する不満や勧告を申

し立てる手続きを整備すること。
- 図書館の友の会や利用者地域住民の声を聴くためのフォーカスグループを組織し運営すること。
- 現在図書館を利用していない潜在的な利用者地域住民から構成されるグループからの情報を収集すること。

3.6 利用者地域住民に対する教育

　公共図書館は，その利用者地域住民を援助して，図書館の擁する資源や提供するサービスをもっとも効果的に利用するためのスキルを身につけさせるようにしなければならない。図書館職員は，情報の世界のナビゲータとして，あらゆる年齢層の利用者地域住民を助けて，情報通信技術をもっとも効果的に利用できるように導かなければならず，そのためには利用者地域住民教育プログラムが開発されなければならない。新しい技術がもっと広く利用できるようになれば，公共図書館は，そのような技術へのアクセスを提供する役割と，人々がそのもっとも上手な利用のしかたを学習するのを助けるという両方の役割が大変重要なものとなる。

　人々に図書館の建物，サービス，蔵書目録や設備・装置などのツールの使い方を紹介する図書館ツアーは，定期的に実施されるべきである。図書館ツアーは，参加者のニーズに応じて，慎重に計画されなければならない。グループを対象とするツアーは，彼らが所属する機関と協力して計画がたてられ，実施されるべきである。

▶シンガポールの公共図書館は，新規と従来の利用者地域住民を対象として，オリエンテーション・プログラムを実施している。各地の学校や幼稚園からやってくる子どもたちの図書館ツアーもまた，クラスを単位に行われる。利用者地域住民が情報探索するのを援助するため，さまざまなレベルの情報リテラシー教育プログラムが行われている。

▶アメリカ合衆国ニュージャージー州の図書館 10 館では，コンピュータ研修センターを創設するために補助金が与えられた。その補助金によって，パソコンの購入とさまざまな主題に関するコンピュータ研修コースが実施された。
▶デンマークの多くの公共図書館は，市民の情報技術（IT）スキル向上を目指す全国的な事務事業の展開を積極的に推進する共同的活動機関である。このことはデンマーク図書館法が定めていることで，全国情報技術・遠距離通信庁（National IT and Telecom Agency）との間で結ばれた 2 つの協力合意文書によって支援されている。〈http://splq.info/issues/vol42_3/05.htm〉

3.7 協力と資源共有

　図書館が情報，思想，サービスと専門的知識技術を交流するために他の諸機関との連携を深めれば，地域社会に対する図書館サービスの全体を向上させることができる。そのような協力によって，サービスの重複が減少し，効果を極大化するために諸資源を組み合わせて，地域社会へのサービスの全体が改善されることになる。さらには，地域社会の個々の構成メンバーは，場合によっては図書館が特定の課題またはプロジェクトを遂行するのを支援するうえで大きな貢献をなしうることがある。

　図書館は，地域図書館システムや国立図書館のウェブサイトなど，信頼できるサイトにリンクを張ることによって，自館のオンライン目録/OPAC から他の図書館のオンライン目録に容易にアクセスができるようにするべきである。

▶デンマークの Litteratursiden.dk（『文学』）と名づけられたものは図書館のウェブサイトで，文学の世界からの新たな作品と古典的作品についての情報を公衆に知らせるとともに，そこで読むに値するすぐれた書物を推薦している。新旧の文学界の声を人々に紹介し，良書を推薦している。このプロジェクトは，'文学組合'（Foreningen Litteratursiden）によって創設され，資金が提供されている。

⟨http://www.litteratursiden.dk/⟩

3.7.1 本格的な連携

図書館は，たとえば学校，博物館や美術館，公文書館のような文化的諸機関，識字プログラム，商工会または商工会議所など，地域社会の他の諸機関との間に，本格的な連携を確立しなければならない。その連携は，関係機関が擁する諸資源と関係機関の努力を調整し，そうすることによって協働して地域社会へのサービスを向上させるべく，活用されなければならない。

3.7.2 学校との関係

公共図書館にとって，もっとも重要な組織間の関係のひとつは，サービス対象地域内にある学校および教育組織との関係である。相互連携の類型および／または相互協力の種類には，次のようなものがあげられる。

- 資源の共有
- 職員研修の共同開催
- 作家訪問についての協働的な企画と実施
- 資料コレクションの構築における協力
- 事業計画における協力
- 電子的サービスとネットワークに関する協力
- 学習用ツールの整備における協力
- 公共図書館への学級訪問
- 協働して読書の振興と識字能力の向上を図る
- 子どもを対象とするウェブ理解のための事業
- 電気通信施設とネットワーク基盤の共有

（『IFLA/UNESCO 学校図書館宣言』を参照）

3.7.3 資源共有

個々の図書館の資料コレクションは、程度の差こそあれ独特のものである。どのようなコレクションといえども、その図書館の利用者が求めるすべての資料を取り揃えておくことはできない。したがって、図書館は利用者に対して、他の図書館のコレクションへのアクセスを提供することによって、利用者に対する図書館サービスを格段に充実させることができる。図書館は、地元、地域、全国、国際のどのレベルの資源共有計画にも参加できる。

図書館はまた、たとえば総合目録、または学校、大学などの情報プロバイダの運営する地元のネットワークへの参加を通じて、そのコレクションを相互貸借によって他の図書館が利用できるようにしなければならない。

3.7.4 書誌的記録

図書館は、国際的もしくは国内で認められた標準的書誌記述にしたがって、その所蔵する資源を分類し、目録をとらなければならない。そうすることによって、それらの資源がより大きなネットワークのなかに取り込まれやすくなる。

3.7.5 他の図書館からの借用

利用者地域住民の情報ニーズを満足させるために、図書館は同一組織の内部と外部の両方に存在する他の図書館から資料を借り受けなければならない。図書館は、以下に掲げる諸問題に対応するべく、相互貸借に関する基本方針を確立しなければならない。

- 他の公共図書館への資料の貸出
- 図書館が貸出すことに決めた資料と貸出さないことにした資料の種類
- 資料の貸出期間
- どんなときに、他の図書館にその資料の貸出を要求するか
- 資料の搬送方法
- （資料の相互貸借）サービスに要する費用をどのように清算するか
- 資料が紛失したり、傷んだりした場合にとるべき措置

3.8 電子ネットワーク

　公共図書館は，機会均等を実現するための社会的装置であり，デジタル時代における情報への電子的な入口となることによって，人々が技術的発展から取り残され孤立したり，社会的に排除されたりしないように，一種のセーフティネット（転落防止網）を提供しなければならない。公共図書館は，すべての市民に対して，各人が地域社会のレベルで日々の生活を送るのに必要な情報，民主主義的な政治過程に不可欠の情報，グローバル化を次第に深めつつある社会に積極的に参加するために必要な情報などにアクセスする道筋を与えなければならない。

　図書館は，自館の所蔵する情報資源および他の図書館の資源へのアクセスを，地元から国際まですべてのレベルにおける効果的な電子ネットワークの創設，維持，参加を通じて提供しなければならない。このことには，コミュニティネットワーク，技術的に進歩した地域社会を発展させる事業，および2つまたはそれ以上の機関を結びつける電子ネットワークへの参加を含んでいる。これらはまた，全国的な情報政策の一部とされるべきものである。

▶デンマークでは，仮想的公共図書館が登場している。そこでは，すべての公共図書館と，それに加えて最大規模の研究図書館と専門図書館の蔵書目録にアクセスすることができる。人々は，国内のどこからでも1冊の資料を要求し，それを最寄りの図書館で受け取ることができる。〈http://www.bibliothek.dk〉

▶イギリスでは，多くの図書館が，国際的に図書館員の協力による1日24時間年間365日オンラインの電子的調査相談サービスである'質問受付'（the Enquire）サービスに参加している。情報提供の要求は，オンラインで送信されてきて，自動的にこのサービスに転送される。そしてその質問者に対して，図書館が直接対応する。

▶デンマークのネットライブラリは，インターネット上に存在する知識や情報を探

している図書館利用者を対象として，図書館が提供している多くのサービスのあらましについて教えてくれる。〈http://bibliotek.dk/netbib.php〉
▶'全ロシア公共図書館仮想レファレンスサービスの創設と整備'（Establishment and development of all-Russia Virtual Reference Service of Public Libraries）というプロジェクトの主要な目標は，社会的経済的また政治的な変動を促進する方向をもって台頭する情報社会のなかに調査相談と情報サービスに関するシステムを最適化することである。〈http://www.library.ru/help/〉

3.8.1 利用者地域住民の（インターネットへの）アクセス

図書館は，すべての市民が，経済的な事情にかかわらず，電子形態で利用できる情報にアクセスできるように，インターネット／ワールドワイドウェブへの無料のアクセスを市民に対して提供しなければならない。図書館は少なくとも市民が利用できる1台のワークステーションと，図書館職員と共用しないプリンターを1台設置しなければならない。

3.8.2 リモートアクセス

図書館は，市民が家庭や学校あるいは職場から，できるだけ多くの電子的な情報資源とサービスにアクセスできるようにするために，ITC（情報通信技術）を活用しなければならない。可能な限り，1日24時間，1週間7日，アクセスできるようにするべきである。図書館サービスをインターネット上で利用できるようにすることは，市民に対して，また他の図書館に対して，図書館資料へのアクセスの可能性を増大させ，図書館サービスの質を改善することになる。

▶アメリカ合衆国デラウェア州立図書館が整備運用しているDelAwareを利用すれば，すべてのデラウェア州民は，地理的な位置または経済的な状況にかかわらず，図書館情報サービスとインターネットへのアクセスを享受することができる。こ

のプロジェクトは，多様な州規模のオンライン上の成果とサービス，州政府の情報，専門分野ごとに選ばれたインターネット上のウェブサイトの案内，そしてあらゆる種類のデラウェア州内の図書館へのリンクを提供している。
〈http://www.lib.de.us〉

▶デンマークの図書館は，'ネットミュージック'と名づけられたサイト（netmusik.dk）を経由して，継続的に追加される2万曲以上の歌と楽曲へのアクセスを提供している。音楽は，（図書館からの）無償貸出として，利用者のパソコンに直接ダウンロードされる。多くのデンマークの公共図書館は，ネットミュージックにつながっている。
〈http://netmusik.shop2download.com/cgi-bin/WebObjects/TShop.woa/wa/default〉

▶'ネット録音図書'（Netlydbog.dk）というウェブサイトは，デンマークにおける，インターネット上でのデジタルコンテンツの需要拡大に応える，インターネット経由のオンラインの録音図書の普及を奨励しようとするものである。
〈http://www.netlydbog.dk/〉

3.8.3　図書館職員のアクセス

　図書館職員は，自分たち自身で利用者地域住民に対してよりよいレファレンスサービスを提供でき，また読書案内サービスを提供できるように，インターネットすなわちワールドワイドウェブにアクセスできなければならない。図書館職員は，インターネット利用に関する定期的研修を受けなければならない。

3.8.4　情報ナビゲータ

　公共図書館は，情報の仲介者になり，市民にとってのデジタル情報への電子的な入口として，市民に'情報格差'を乗り越えさせ，すばらしい未来に案内する役割を担っている。ライブラリアンの役割は，利用者地域住民に対して正確で信頼できる情報を入手できることを保障する'情報ナビゲータ'の機能を果たすことであり，ライブラリアンのこの役割は，現在，ますます大きなもの

となっている。

3.9 サービスへのアクセス

　物理的にアクセスできることが，公共図書館サービスの提供に成功するための重要なポイントのひとつである。高品質のサービスといっても，それにアクセスできない人々にとっては何の価値もない。図書館サービスへのアクセスは，利用者と潜在的利用者にとっての便宜を最大化するように構成されなければならない。

3.9.1　サービスポイントの位置

　公共図書館サービスを提供するポイントは，地域に居住する人々にとって，住民の最大限の利用に開かれ便利な場所に設置されなくてはならない。図書館の立地は，交通ネットワークの中心に近いところ，たとえば商店街や商業センター，文化センターなど，地域社会の諸活動が展開される場所の近くでなければならない。場所が適切であれば，公共図書館は芸術センター，博物館，美術館，コミュニティセンターやスポーツ施設など，他の公共施設と建物を共有してもよい。そうすれば，利用者地域住民を引き寄せるのに有効なだけでなく，資金および運営上の経費節減の達成に役立つ。

　サービスポイントは，誰にとってもひとめでわかることが望ましく，徒歩か，利用できる場合には公共交通で，あるいはマイカーで容易に行ける場所に設置されるべきであり，またその場合には便利な駐車場を提供するべきである。高度に開発された都市や郊外地域では，公共図書館はマイカーで15分程度で行けるところに設置されるべきである。

　地域の人々にとっての図書館へのアクセスを公平なものとするべきだという問題については，可能な場合には，公共図書館の存在もしくはその提供する種々のサービス以外になんらの情報へのアクセス手段を知らない，これまで図書館を利用したことがない人たちの諸集団に対して図書館サービスが届くように，サービスポイントを戦略的に配置することによって，対応すべきである。

アウトリーチサービスは，おそらくその解決方法のひとつとなりうる（1.10およびるび 3.4.10 を参照）。

▶シンガポールでは，図書館は政府が開発した住宅団地のなかの，人が集まるところに設置されている。児童図書館は住居街区の 1 階に設置され，近隣住区に居住する大半の子どもたちが歩いて 5 分以内のところにある。

3.9.2　開館時間

　図書館サービスへの可能で最善のアクセスを提供するために，地域社会で生活し，はたらき，そして学習する人々にとって，もっとも都合のよい便利な時間帯を図書館の開館時間とするべきである。このように考えた場合の図書館へのアクセスは，選定されたいくつかのサービスについては，電話やウェブへのアクセスを利用し，24 時間に及ぶサービス提供につながりうる。

3.10　図書館の建物

　一般に図書館建設を計画するときには，図書館長と管理機関は以下の諸事項を検討しなければならない。

- 図書館の果たすべき機能
- 図書館の規模
- 具体的に配置が検討されている用途と空間
- 設計上の特色
- 身体に障害をもつ人たちのためのアクセス
- サイン
- 図書館の雰囲気
- 電子的設備と視聴覚設備

- 安全性
- 駐車場

また，上記の諸事項については，急速に変化する技術に対応した備品や種々の図書館サービスに対する要求を含め，すべての側面において，柔軟性をもった設計とする必要がある。

3.10.1　図書館の機能

図書館は，その図書館の戦略的計画と合致し，また地元や地域，あるいは全国的な基準ないしはガイドラインに適合した，十分な範囲の各種図書館サービスを実施するために，適切な広さの空間をもたなければならない。イギリスの図書館については，図書館がそのサービス対象とする地域社会に負っている諸々の義務の履行を保証する基準に適合することを求められている。
〈http://www.culture.gov.uk/Reference_library/Publications/archive_2007/library_standards.htm〉

上記のイギリスの基準に含まれる事項として：
- 利用者地域住民にとっての図書館の近さ
- 開館時間
- インターネットと毎年新たに購入される資料等へのアクセス
- 所蔵図書の数量と毎年新たに購入される図書やその他の資料の数量

3.10.2　図書館の規模

公共図書館に求められる床面積は，個々の地域社会に固有のニーズ，その図書館のもつ諸機能，入手可能な資源のレベル，所蔵資料コレクションの規模，利用可能な空間，および他の図書館にどの程度近いかというような諸要因に依存する。これらの諸要因は国によって，また建設計画によって大きく異なるために，公共図書館に求められる空間に関する一般的な基準を提案することはで

きない。ただし，これまでいくつか地域的な基準がつくられており，カナダのオンタリオ州，スペインのバルセロナ，そしてオーストラリアのクイーンズランド州の事例を付録として掲げておいたので，図書館建設の計画作成過程において利用できるであろう（「付録4　図書館建築に関する基準」を参照）。

3.10.3　図書館として予定すべき空間

　図書館には，成人，子ども（乳児と幼児を含む）とヤングアダルトにサービスするための空間，および家族の利用のための空間が備わっていなければならない。図書館は，地域社会のあらゆるグループと個人の抱える情報ニーズを満たすために，広範囲にわたる資料を提供することを目指さなければならない（第4章「資料コレクションの構築」を参照）。

　図書館が備えるべき機能の範囲と，それぞれの機能に割り当てられる空間は，その図書館の規模によって異なる。新しい図書館建設を計画するには，以下の諸項目を含めて熟慮しなければならない。

- 図書，逐次刊行物，特殊コレクション，録音資料，映像資料，その他の非印刷資料，およびデジタル情報資源を含む図書館資料コレクション
- 成人，児童およびヤングアダルトを対象とする，余暇読書，集中的な調査研究，グループワークや一対一の授業などができる机や椅子などを備えた空間，つまりいくつかの静かな部屋が必要である
- アウトリーチサービス：このサービスのために特に整えられた資料コレクションを収蔵し，サービス実施の準備をする空間が与えられなければならない。たとえば，ブックモビルの駐車スペース
- 図書館職員のための施設：はたらく場所（机やパソコン，ワークステーションを含む）や休憩室，同僚と会議をしたり，上司とひそかに話し合いをしたりするための会議室を含む
- 地域社会の大小のグループが会合をする部屋：その部屋は，図書館が閉まっているときでも使えるように，手洗いや出口への通路は別個に設けられ

なければならない
- 技術関係の機器・設備：一般市民が利用できるワークステーション，プリンター，CD-DVD ドライブ，プリンター，複写機，スキャナ，ウェブカメラ，マイクロリーダーなど
- 特別の設備：大判地図帳収納ケース，新聞架，自動図書貸出機，辞書用書見台，壁面に備え付けられた展示設備，展示台，ファイリングキャビネット，地図ケースなど
- 市民と図書館職員の双方が容易に動き回るために必要とされる十分な空間：これは利用者向け空間の 15 パーセントから 20 パーセント，および職員向け空間の 20 パーセントから 25 パーセントと見積もることができ，また車椅子の利用者にとっての少なくとも最低限のアクセス要件を見込む
- 比較的規模の大きな図書館においては市民のための喫茶コーナーが，小規模図書館では自動販売機が望ましい施設としてあげられる
- 図書館の機械的サービスのための空間。たとえばエレベーター，暖房，空調，清掃器具の維持と保管などのための空間が考慮されなければならない

3.10.4　設計上の特色

　図書館は，すべての利用者地域住民，特に身体および感覚に障害をもっている人たちが，容易にアクセスできることを保障しなければならない。新しい図書館の建設を計画するにあたって，以下にあげる諸点が考慮されるべきである。

- 図書館の外観は十分に明るくなければならず，通りからよく見えるサインによりそれと認識できなければならない。
- 図書館の入口は，はっきりとわかるものでなければならず，大部分の利用者が入ろうとする側に設けられるべきである。
- 図書館は，利用の障害となるものを除去することに力を注ぐべきである。
- 図書館のどの部分といえども，個人またはグループが図書館を利用するとき，その利用を制約するような設計上の障害があってはならない。

- 図書館の内部および外側の両方の設計において，できるだけ階段の設置を避け，設計上階段設置が避けられない場合には，代替的アクセスを用意するよう配慮しなければならない。
- 照明の水準は，国際的ないしは国内的基準に準拠しなければならない。
- 2階あるいはそれ以上の階層をもっている図書館は，図書館の入口近くにエレベーターを備えなければならず，しかも車椅子やベビーカーが容易に利用できる仕様でなければならない。
- 図書館は，閉館時の図書館資料の返却のための設備を備えておかなければならない。開館時間終了後の返却ボックスは，盗難防止と防水の両方の機能を備えたものでなければならない。
- 図書館は，障害なくたやすく利用できることを確認するために，定期的に「利用しやすさ」について検査するべきである。
- 障害をもつ人々に対して，公共施設にアクセスしやすくするための地域的，全国的，あるいは国際的基準を守るべきであるし，可能なときはいつでもそうしなければならない。

3.10.5 アクセスしやすい書架

図書館資料は開架式の書架に，利用者が手を伸ばせば届く高さまでの範囲に配架され，高い書棚や低い書棚に手を伸ばしたりかがんだりできない人たちのために，脚立や可動式腰掛が用意されなければならない。すべての書架は調整できるものでなければならず，できれば容易に移動できるようにロック可能な車輪のついたものであることが望ましい。児童室の家具は，適切なサイズでなければならない。書架は障害をもつ人たちにもアクセスできる高さと間隔でなければならない。

3.10.6 サイン

図書館の外側に設けられたサインは，その建物固有の機能を識別するだけでなく，図書館の外部に対する自己表現のもっとも基本的な形態である。したが

って，サインはその図書館にふさわしいイメージを伝えるよう，注意深く計画されなくてはならない。図書館内部と資料コレクションの各部分は，たとえば図書館目録，雑誌，レファレンスサービス，児童コーナー，手洗い，インターネット端末，複写機など，利用者がたやすく見つけることができるように，専門的な基準にしたがったサインによってはっきりと識別できなければならない。また，サインは必要な場所には点字でも示されなければならない。それがふさわしい場合には，地域社会のなかで用いられている少数民族の言葉で表示されたサインが提供されるべきである。図書館の開館時間を示したサインは，図書館の外部からはっきりと見えるものでなければならない。また，すべての利用者が図書館内で目的のところに行けるように，道順を示す音声装置ボックスや，ウェブガイド，オーディオガイドの設置を検討するべきである。市民を図書館へ誘導するために，付近の通りや人の集まるところに図書館への行き先表示の看板を設置するべきである。また，インターネット上においても，すべての関連する地元諸機関・団体のウェブサイトから図書館のホームページへの参照が付されるべきである。

3.10.7 図書館の環境

　図書館はサービスを提供するために，市民を招き入れるような物理的環境を備えなければならず，その環境は以下のとおりである。

- 図書館資料コレクションを蓄え，展示するために十分な空間
- 市民が図書館サービスを適切に，また便利に利用できるのに十分な，快適で魅力的な空間
- 学習と読書のための十分に静かな空間
- さまざまな規模の団体が利用できる集会施設
- 図書館職員が能率的で快適な状態でその職務を遂行するための十分な広さをもつ空間
- 児童室には，おもちゃや遊戯施設があってもよい。

- ヤングアダルトコーナーには，コンピュータゲームの装置，座り心地のよい設備を備えた'ゆったりできる'場所，そしてテレビかプラズマディスプレイが設置されてもよい。
- 将来のニーズに備えた空間的余裕と柔軟性

　図書館の内部は，効率的な暖房と空調を用いて，快適な温度に保たれていなければならない。湿度管理は図書館の快適性を増すだけでなく，所蔵資料を保護することにもつながる。
　大規模図書館には開館時間中か特定の時間かのいずれかに開いている喫茶室（そして小規模図書館では自動販売機）があってもよい。そのような施設は，時には契約により外部の業者に経営が委ねられる。

▶イギリスでは，ロンドンのタワーハムレッツ図書館に設置されている'アイデアストア'のなかには，図書館サービスについての新しい解釈の一部を示すものとして喫茶室がおかれている。〈http://www.ideastore.co.uk/〉
▶シンガポールでは，「ライフスタイル」図書館の考え方が導入されようとしている。そこには，喫茶室，音楽試聴ブース，および学生のための仮想コミュニティが用意されている。すべての図書館は1週間に7日，毎日開館している。

3.10.8　電子的および視聴覚設備

　公共図書館の主要な機能は，情報富裕者と情報貧困者との間のギャップを埋めることにある。このことには，インターネットにアクセスできる個人用のパソコン，利用者用閲覧目録，マイクロリーダー，オーディオ・MP3プレイヤー，テープレコーダー，スライドプロジェクター，および視覚障害や身体障害をもつ人々のための装置など，必要とされる電子的施設設備，コンピュータおよび視聴覚装置へのアクセスの提供が含まれる。パソコンを使うための情報コンセ

ントへのアクセスと同様に，館内におけるワイヤレス（Wi-Fi）アクセスの整備が望まれる。図書館が提供する通信回線は最新のものであるべきであり，後日設備更新するときには簡単に取り換えられるものでなければならない。また，これらの施設設備については，定期的に点検されなければならない。

3.10.9 安全

図書館が市民と職員にとって確実に安全なところであるためには，あらゆる努力が払われなければならない。煙探知機と火災警報機を備えなければならず，職員と図書館資源のための安全保護がなされるべきである。消火器と非常出口の設置場所は，誰にもわかるようにはっきりと表示しなければならない。図書館職員は救急措置について訓練されていなければならないし，救急処置に必要な医薬品や機材は容易に入手できなければならない。避難訓練は，定期的に実施しなければならない。図書館の管理者は，消防署や警察署など，緊急事態に対応する機関と協力して，たとえば火災などのような重大な事故発生の場合に実行に移せる防災計画を作成しなければならない。

3.10.10 駐車場

利用者地域住民がマイカーで図書館にやって来るところでは，十分に安全で明るく照明がきいた駐車場が，図書館の敷地内またはすぐ近くにあるべきであり，そこには障害をもつ人々のために適切に表示された駐車スペースがなければならない。自転車が一般的な交通手段である場合には，図書館の外部に安全な駐輪施設を設けるべきである。

参考文献

Bill & Melinda Gates Foundation (2004). *Toward Equality of Access: The Role of Public Libraries in Addressing the Digital Divide*. Seattle: The Foundation. Available at (http://www.imls.gov/pdf/Equality.pdf)

Cylke, F., Byrne, W., Fiddler, H., Zharkov, S.S., and IFLA Section of Libraries for the Blind, Standards Development Committee. (1983). *Approved recommendations on working out national standards of*

library services for the blind, available
(http://www.nplg.gov.ge/dlibrary/collect/0001/000561/IFLA.pdf)
Note: now called 'Section of Libraries Serving Persons with Print Disabilities' see Kavanaugh reference in this resource list.

Day, J.M., and IFLA Section for Libraries Serving Disadvantaged Persons. (2000). *Guidelines for library services to deaf people*, 2nd ed., Professional report #62. The Hague: IFLA.

de Jager, K., Nassimbeni, M. (2007). *Information Literacy in Practice: engaging public library workers in rural South Africa*. IFLA Journal, Vol. 33, No. 4, 313-322.

EBSCO Industries, Inc. (n.d.). EBSCO Publishing customer success center. (http://www.ebscohost.com/customerSuccess/default.php accessed 1/01/2010).

Fasick, A.. (2008). *Managing children's services in the public library*. Westport, CT: Libraries Unlimited.

IFLA. (n.d.) The IFLA/UNESCO Multicultural Library Manifesto.
(http://www.ifla.org/en/publications/the-iflaunesco-multicultural-library-manifesto accessed 1/01/2010).

IFLA Children's and Young Adults Section. (2007). *The Guidelines for Library Services to Babies and Toddlers*. The Hague: IFLA.
(http://archive.ifla.org/VII/d3/pub/Profrep100.pdf accessed 1/01/2010).

IFLA Libraries for Children and Young Adults Section. (2003). *Guidelines for Children's Libraries Services*. The Hague: IFLA.
(http://www.ifla.org/en/publications/guidelines-for-childrens-library-services accessed 1/01/2010).

IFLA Section for Public Libraries. (2003). *The Role of Libraries in Lifelong Learning. Final report of the IFLA project under the Section of Public Libraries*
(http://www.ifla.org/en/publications/the-role-of-libraries-in-lifelong-learning accessed 1/01/2010).

IFLA Public Libraries Section. (2008). Meeting User Needs: A checklist for best practice produced by section 8 – public libraries section of IFLA.
(http://www.ifla.org/VII/s8/proj/Mtg_UN-Checklist.pdf accessed 1/01/2010).

IFLA Section for Library Services to Multicultural Populations. (2009). *Multicultural communities: guidelines for library services*, 3rd ed. The Hague: IFLA.
(http://www.ifla.org/en/publications/multicultural-communities-guidelines-for-library-services-3rd-edition accessed 1/01/2010).

IFLA Section of School Libraries and Resource Centers. (2002). The IFLA/UNESCO School Library Guidelines 2002.
(http://www.ifla.org/en/publications/the-iflaunesco-school-library-guidelines-2002 accessed 1/01/2010).

Kavanaugh, R., Sköld, B.C., and IFLA Section of Libraries Serving Persons with Print Disabilities.

(2005). *Libraries for the blind in the information age : Guidelines for development*. The Hague: IFLA. (http://www.ifla.org/en/publications/ifla-professional-reports-86 accessed 1/01/2010).

Lau, J. (2008). *Information literacy: International perspectives*. Munich: K.G. Saur (http://archive.ifla.org/V/pr/saur131.htm accessed 1/01/2010).

Li, J. (2002). The Public Library and citizens' information literacy education in China: a case study of Wuhan area, China. IFLA Conference Proceedings, 1-8. Retrieved from Library, Information Science & Technology Abstracts database

Lesk, M. (2005). *Understanding digital libraries*. Amsterdam: Elsevier.

McMenemy, D. and Poulter, A. (2005). *Delivering digital services: A handbook for public libraries and learning centres*. London: Facet.

Melling, M., and Little, J. (2002). *Building a successful customer-service culture: A guide for library and information managers*. London: Facet.

Muller, P., Chew, I., and IFLA Section of Libraries for Children and Young Adults.(2008). *Guidelines for Library Services for Young Adults*. The Hague: IFLA. (http://www.ifla.org/en/publications/revised-guidelines-for-library-services-for-young-Adults accessed 1/01/2010).

Lehmann, V., Locke, J., and IFLA Section for Libraries Serving Disadvantaged Persons. (2005). *Guidelines for library services to prisoners*, 3rd ed. Professional report #34. The Hague: IFLA. (http://archive.ifla.org/VII/s9/nd1/iflapr-92.pdf accessed 1/01/2010).

Mayo, D. (2005). *Technology for results: Developing service-based plans*. PLA results series. Chicago: American Library Association.

Nielsen, G. S., Irvall, B., and IFLA Section of Libraries for Disadvantaged Persons. (2001). *Guidelines for library services to persons with dyslexia*. The Hague: IFLA. (http://www.ifla.org/VIIs9/nd1/iflapr-70e.pdf accessed 1/01/2010).

Panella, N.M., and IFLA Section for Libraries Serving Disadvantaged Persons. (2000). *Guidelines for libraries serving hospital patients and the elderly and disabled in longterm care facilities*. Professional report #61. The Hague: IFLA. (http://archive.ifla.org/VII/s9/nd1/iflapr-61e.pdf accessed 1/01/2010).

Public Agenda Foundation. (2006). *Long Overdue A Fresh Look at Public Attitudes About Libraries in the 21st Century*. New York: Public Agenda. (http://www.publicagenda.org/files/pdf/Long_Overdue.pdf accessed 1/01/2010)

Reading Agency. (n.d.). The Reading Agency. (http://www.readingagency.org.uk/ accessed 1/01/2010).

Ross, C., McKechnie, L., and Rothbauer, P. (2006). *Reading matters: What the research reveals about reading, libraries and community*. Westport, CT: Libraries Unlimited.

Syracuse University College of Law. (n.d.). International and comparative disability law web resources. (http://www.law.syr.edu/lawlibrary/electronic/humanrights.aspx accessed 1/01/2010)

UNESCO. (2006). *UNESCO Launches a Community Information Literacy Project at the Tunapuna Public Library* (2007) (http://portal.unesco.org/en/ev.php-URL_ID=36505&URL_DO=DO_TOPIC&URL_SECTION=201.html)

Webster, K., and Biggs, B. (2005). *Library services to indigenous populations: Viewpoints & resources.* Chicago: Office for Literacy and Outreach Services, American Library Association.

Weibel, M. (2007). Adult learners welcome here: *A handbook for librarians and literacy teachers.* New York: Neal-Schuman Publishers.

4 資料コレクションの構築

「たとえば言語的に少数派に属する人々，心身に障害をもつ人々，あるいは病院または刑務所に収容されている人々など，どのような理由があるにせよ，通常の図書館サービスや資料を利用することができない利用者に対しては，特別なサービスおよび資料が提供されなければならない。

すべての年齢層の利用者が，みずからのニーズに見合った資料を見つけ出すことができなければならない。

公共図書館が擁する資料コレクションと提供するサービスには，伝統的な資料とともに，あらゆる種類の適切な情報メディアと現代の技術が備えられていなければならない。地域社会のニーズと状況に見合った質の高さと適切さが基本的要件である。公共図書館の資料は，人類の努力と想像力の記憶とあわせて，現在の動向と社会の発展状況を反映したものでなければならない。

資料コレクションとサービスは，いかなる種類のイデオロギー的，政治的，もしくは宗教的検閲にも，また営利的圧力にも屈することは許されない。」

(『IFLA/UNESCO 公共図書館宣言』1994)

4.1 はじめに

公共図書館は，教育，情報，レジャーおよび人格的成長といった利用者のニーズに見合った広範囲にわたる情報資源へのアクセスを平等に提供しなければならない。図書館はその社会の遺産へのアクセスを提供するとともに，多様な文化的資源と経験の創出に関与しなければならない。地域社会との不断の相互作用と交流は，この目標の達成に大いに役立つものである。

4.2　資料コレクション管理基本方針

　個々の公共図書館システムは，図書館サービスの管理運営機関によって承認され，文書化された資料コレクション管理基本方針を必要とする。その基本方針の目標は，図書館資料コレクションと情報資源へのアクセスの維持・充実に向けて，一貫した取り組みを確保することにある。

　人々がいつも新しい資料を選んで利用できるようにするために，また新しいサービスと利用状況の変化から生じる要求を満たすために，資料コレクションを絶えず充実させていくことが肝要である。基本方針は，今日の技術進歩に照らして，図書館みずからが所蔵する資料コレクションだけでなく，利用可能な世界中の情報にアクセスするための戦略も反映したものでなくてはならない。

　基本方針は，専門的職員により作成された各種図書館基準に基づき，しかも地元の人々のニーズや関心，そして社会の多様性を反映したものでなければならない。その方針には，資料コレクションの目的・範囲および内容はもちろん，外部の情報資源へのアクセスについても定められていなければならない。

▶ロシア連邦では，利用者評議会が図書館に対して資料の受け入れに関する基本方針の策定を援助している例がある。

4.2.1　基本方針の内容

　基本方針の根拠は，すべての図書館サービスに普遍的に適用できる宣言から，特定の国あるいは地域に適切な比較的概括的な宣言，さらに特定の図書館サービスにのみ適用される方針の表明にいたるまでさまざまであり，以下の要素を含むことになろう。

国際的事項
- 世界人権宣言第 19 条
- 国際図書館連盟の情報に対する自由なアクセスに関する宣言
  〈http://www.ifla.org/en/publications/ifla-statement-on-librariesand-intellectual-freedom〉
- 知的自由，図書館資料コレクションへの自由なアクセスに関する諸宣言
  〈http://www.ifla.org/en/publications/intellectual-freedom-statements-by-others〉
- 情報公開
  〈http://www.ala.org/ala/issuesadvocacy/intfreedom/librarybill/index.cfm〉
- 万国著作権条約の尊重
  〈http://archive.ifla.org/documents/infopol/copyright/ucc.txt〉
- 『IFLA/UNESCO 公共図書館宣言』
  〈http://archive.ifla.org/VII/s8/unesco/eng.htm〉

一般的事項
- 図書館資料コレクション管理基本方針の目的およびその基本方針と図書館サービスに関する運営計画との関係
- 長期および短期の諸目標
- 情報へのアクセス戦略
- 資料コレクションの歴史および／または図書館サービス
- 関係立法の確認

固有の事項
- 地域社会のニーズの分析
- 図書館サービスの優先順位
- 多文化資料，識字資料や障害をもつ人々のための情報資源など，特殊コレクションと特別のニーズに応えるコレクションを含む，当該図書館の資料コレクションの特性
- 資料選択と廃棄に関する諸原則と方法
- 予算配分
- 資料コレクションの構築，そして資料の選択および廃棄について，館内の

担当部署が負うべき責任
- オンラインによる逐次刊行物，データベースおよびその他の情報源へのアクセスを含む電子情報資源へのアクセス
- 情報への電子的入口としての図書館の役割
- 無料のインターネット情報資源を識別し，追加するためのガイドライン
- 他の図書館および諸機関との協力関係
- 資料の保存・保護に関する方針
- 会計検査上の必要要件：受入台帳への記帳，記録，管理，廃棄，販売または処分
- 財政的な説明責任
- 寄付の受け入れに関する方針
- 苦情処理手続と特定の資料に対する抗議の処理
- 資料コレクションの現在および将来的ニーズを評価する資源管理計画
- 資料コレクション管理基本方針の見直しと評価

これは網羅的な一覧ではなく，そこに含まれうる諸事項のいくつかを指し示したものにすぎない。

4.3　資源の範囲

　公共図書館は，地域社会の情報ニーズと関心に応えるために，さまざまな形態をとる十分な量の，広範囲に及ぶ資料を提供しなければならない。その地元地域社会と社会一般の文化が，資料コレクションに反映されなければならない。公共図書館は，新しい形態のメディアと情報にアクセスする新しい方法に通じていなければならない。あらゆる情報を，メディアの形態にかかわりなく，できるだけすみやかに利用できるようにしなければならない。地域の情報源と資源の整備がきわめて大切である。

▶ スペインのバダロナ・カン・カサクベルタ図書館の利用者は，さまざまな社会的ネットワークを利用して図書館にたどりつき，図書館について詳しく知ることができる。〈http://cancasacuberta.blogspot.com/2007/09/serveis-online.html〉

▶ インターネット・パブリック・ライブラリー（http://www.ipl.org/ipl2）は公共的サービス機関であり，ひとつの学習／教育環境を提供している。現在までに，数千の学生とボランティアの図書館情報学の専門家たちが，「インターネット・パブリック・ライブラリーのライブラリアンに聞こう」と名づけられたサービスを実施するために，レファレンス質問に回答したり，インターネット・パブリック・ライブラリーの資料コレクションの設計，構築，製作および維持に参加してきた。インターネット・パブリック・ライブラリーが今日にいたるまでなんとかやってこれたのは，これらの学生やボランティアたちの努力のたまものである。

▶ テキサス州にあるタラント・カウンティ・ライブラリーのように，多くのアメリカの図書館は，利用者がインターネットを通じてアクセスできる情報資源を図書館が提供すべき情報資料に追加している。タラント・カウンティ・ライブラリーの図書館利用カードを用いれば，大学入試や資格試験の演習問題に取り組むことができるように，また図書館ポータルを経由して録音されたアニメ絵本，およびダウンロード可能な録音図書が利用できるように，図書館の運営しているホームページでオンラインアクセスを提供している。

4.3.1　図書館資料コレクション

　図書館資料の種類・形態については，ますます電子的なものが多くなっているが，典型的な公共図書館では，資料の種別として代表的なものを以下に掲げる。しかし，この一覧表は網羅的なものではない。

- 成人，ヤングアダルトおよび子どもたちを対象とするフィクションとノンフィクション

- レファレンスサービス資料
- データベースへのアクセス
- 定期刊行物
- 地元紙，地域紙および全国紙といった新聞
- 地域社会の情報
- 地方行政を担当する行政機関が作成した情報および地方行政についての情報を含む，政府情報
- ビジネス情報
- 地方史に関する情報資源
- 系図学にかかわる情報資源
- 地域社会の主要言語で表現された情報資源
- 地域社会で主に使われている言語ではない，別に使われている言語で表現された情報資源
- 他の言語で表現された情報資源
- 楽譜
- コンピュータゲーム
- 玩具
- ゲームやパズル
- 学習用資料

4.3.2 情報メディアの形態

　以下に掲げる情報メディアの形態は，公共図書館一般が資料コレクションに加えうるものである。しかし，この一覧は網羅的ではなく，新しい形態の情報メディアが次々とあらわれている。

- ハードカバーとソフトカバーの図書，ならびに電子書籍
- パンフレットやビラ，チラシなど
- 印刷物とオンラインのスクラップを含む新聞や定期刊行物

- インターネット経由のデジタル情報
- オンラインデータベース
- ソフトウェアプログラム
- マイクロ資料
- ダウンロード可能な形態を含むカセットテープと CD
- ダウンロード可能な形態を含む DVD
- ビデオカセット
- 大活字本
- 点字資料
- ダウンロード可能な形態を含む録音図書と録音資料
- MP3 ファイル
- アート作品やポスター

4.3.3 資料選択の補助ツール

広範囲に及ぶ情報資源を利用可能なものとするべく，公共図書館はあらゆるメディアの形態をとる定評のある，あるいは権威のある資料を確認するために，資料選択用の補助的ツールを使用している。一般的な資料選択のための補助的ツールには以下のものが含まれるが，これらに限られるわけではない。

- 書誌類
- 各分野の受賞者，推薦資料，コアコレクションを構成する資料とされるものなどの一覧表
- 特定主題分野における定期刊行物を一覧にした案内や要覧
- 書評
- 出版社の目録，チラシ，近刊案内
- 図書展での配布資料

4.4 資料コレクションの構築

　資料コレクションは図書館サービスを完全なものとするために不可欠であって，将来の世代のためにその情報資源を保存し，維持することをみずからに課された主要な目標とするのでない限り，資料の収集そのものだけを目的と考えるべきではない。

　特に新たなデジタル世界においては，資料コレクションの規模が大きいことがすぐれたコレクションを意味するわけではない。規模の大きさよりも，その資料コレクションが地域社会のニーズに応えているかどうかがはるかに重要である。

　資料コレクションの規模は，図書館の広さ，資金，当該図書館のサービス対象人口，他の図書館との近接性，そのコレクションの地域的役割，および電子資源へのアクセス，地域の情報ニーズの評価，情報資料の年間増加率と廃棄率，他の図書館との資料交換方針を含む，多くの諸要因から決まってくるものである。

4.4.1 資料コレクション形成についての基準

　資料コレクション形成の主な基準には，次のようなものがあげられる。

- 地域社会に属するすべての人々の要求を満たす幅広い資源
- 地域社会に属するすべての人々が図書館サービスを利用できるようにする諸々の形態の情報資源
- 新しい出版物の受け入れ
- 新刊書および新たに発行されたその他資料の受け入れ
- 所蔵資料の移管
- 広範囲にわたるフィクションおよび主題を網羅したノンフィクション
- 非印刷系情報資源の蓄積
- 他の諸機関の図書館，電子的情報資源，地元の諸団体，行政部局，または

口承文化として地域社会に保存されている知識のような外部情報資源へのアクセス
- 古くなって傷みが激しく，時代遅れになった図書，非印刷系資料および情報源の廃棄

　多くの図書館は，ウェブ上に資料コレクションの構築方針を掲載している。参考とすべき資料コレクション形成のモデルを探そうとする場合には，サービス対象とする住民の規模と利用者の特徴が似ている図書館を選べばよい。

▶ イギリスのケンブリッジ大学図書館は，一般市民と大学の両方にサービスを提供する図書館のための資料コレクションの構築方針を公表している。
　〈http://www.lib.cam.ac.uk/〉
▶ アメリカでは，カリフォルニア州パサデナ市
　〈http://ww2.cityofpasadena.net/LIBRARY/collection.asp〉
　およびニュージャージー州ニューアーク市
　〈http://www.npl.org/Pages/AboutLibrary/colldevpol06.html〉
　が，中規模から大規模都市の公共図書館に対して，資料コレクション構築について参考とすべきモデルを提供している。

4.5　資料コレクションの維持に関する諸原則

　どのような規模の公共図書館であっても，多様な形態の資料を所蔵しているであろう。どのような形態であっても，コレクションの維持・管理は，すべての資料に等しく行われる。開架資料は物理的に良好な状態に保たれていなければならず，最新の情報を含むものでなければならない。比較的小規模でも，高度な質を備えているほうが，古くて傷みの激しい時代遅れの資料が大部分を占め，月並みな資料ばかりで新刊書がほとんど見出せない大規模な蔵書よりもは

るかによく利用される結果となる。時代遅れのレファレンス資料の利用は，図書館利用者に対して，不正確な情報を与える結果となりかねない。

　電子的な形態の資料は印刷資料を補完し，また特定の分野においては，それらに取って代わることになろう。電子的データベースおよびウェブ上のレファレンス資料や定期刊行物は，さらに整備が進み，今後次第に印刷形態の資料に置き換わっていくことになろう。

4.5.1　資料の受け入れと除籍

　図書館の資料コレクションは，市民の知的原動力となる情報資源である。それがその地域社会にとって適切であり，満足できる水準の正確さを保つためには，常に新しい資料を受け入れ，古くなった資料を取り除く必要がある。所蔵資料の規模と質は，その地域社会の情報ニーズを反映するものでなければならない。

　新規に受け入れる資料の割合は，資料コレクションの規模よりもはるかに大きな意味をもっている。新規受け入れ率は，大方は，主として予算規模あるいは図書館の出版社等の供給側との契約交渉の能力によって決定されることになる。しかしながら，また新規受け入れ率は，それ以外の諸要因によっても影響を受ける。たとえば：

- 地元の言語で発行される情報資料の利用可能性
- サービス対象人口
- 図書館資料の利用水準
- 文化的および言語的な多様性
- 人口の年齢構成
- 障害をもつ人たちや高齢者などが示す特別なニーズ
- オンライン情報へのアクセス

　除籍は，資料コレクションの維持と同様に重要な位置づけとなっている。除

籍基準には次のようなものが含まれる：

- ほとんどまたはまったく使用されない資料
- 資料コレクションのなかで，別の場所に同じものが重複して存在する資料
- 使い古され，劣化した資料
- 廃れてしまった，または時代遅れの資料

廃棄資料は処分または販売されうる。除籍資料は新しい資料のためのスペースをつくり出し，資料コレクションの全体的な品質の維持に役立つ。

4.5.2 閉架書庫に保管される資料

比較的古くなり，利用されなくなった資料のコレクションは，市民が直接には利用できない書架に移して保管する必要があろう。このコレクションには，現在あるいは将来の利用が見込まれ，他の資料で代替できるものではなく，また他の形態の資料にも見当たらない資料が納められる。ここには，一定の制限が付されていても，正規の利用手続きで利用に開かれた特定主題のコレクションや，絶版になったフィクションなどが含まれる。中身の情報が時代遅れになった資料や，物理的に劣化し，新しいものと代替できる資料については，廃棄されるべきであり，保存書庫におかれるべきではない。他の図書館と協力して資料を保管することは効果的である。保管コレクションの維持・管理は，図書館が規則にもとづき，継続的に行うべきものである。インターネットや電子的な情報資源によって，広範囲に及ぶ情報が利用できるようになれば，公共図書館が閉架書庫に大量の保管資料を抱え込む必要性が減少する。

4.5.3 図書館間相互貸借

どのような図書館あるいは図書館サービスにおいても，自館の蔵書だけで自給自足できるはずはなく，効果的で効率的な図書館間相互貸借制度はすべての公共図書館のサービスに必須不可欠である。いくつかのサービスポイントをも

つ図書館サービスシステムにおいても，他の図書館との間で協定にもとづき蔵書交換事業を実施することは，自館の蔵書の最大限の利用を図るとともに，利用者に対して，資料利用にあたっての選択の幅を大きく広げることになる。

多数のサービス拠点（時に分館と呼ばれる）をもつ多くの図書館は，いまや'流動的な'資料コレクションを擁している。貸出資料はもはや1か所の利用施設に属するものではなく，利用者から返却された資料は返却を受けた図書館にとどまり，その図書館の保有する資料コレクションに新鮮さを加え，本来その資料を所有する'ホーム'図書館への移動の時間を節約し，また資料管理の煩雑さを軽減することにつながる。

4.6　資料コレクションに関する基準

以下に資料コレクションの規模に関する基準を提案している。地域社会の状況や財政事情に応じて，ここで提案する基準を見直し，変更が加えられることがありうる。利用できる資源がきわめて限られている場合には，この基準を目標値とみなし，将来これらの基準を達成することを目指して中・長期の戦略が作成されなければならない。

▶一般的な指針として，既設の図書館の資料コレクションは，サービス対象人口一人あたり2件から3件の間であることが望ましい。サービス対象人口が大きい場合（10万人以上），この数値は大きなものとなろう。
- オーストラリアのクイーンズランド州の公共図書館の基準では，サービス対象人口5万人未満の場合は一人あたり3件を，5万人以上の場合は一人あたり2件から3件が望ましいとされている。
- アメリカのフロリダ州の公共図書館を対象とする基準では，サービス対象人口25,000人未満の場合は一人あたり最低3件，25,000人を大幅に超える場合は一人あたり2件が望ましいとされている。

▶もっとも小規模なサービスポイントといえども，資料コレクションの最低限の規

模として 2,500 件を下回ってはならない。
- オーストラリアのクイーンズランド州の基準では，サービス対象人口にかかわらず，最低でも 2,500 件規模の資料コレクションの規模が要請されている。
- フロリダ州の公共図書館に対する基準では，最小限として 1 万件の資料コレクションの規模が望ましいとされている。

もっとも小規模な資料コレクションでは，子ども向けの資料，成人用のフィクションおよびノンフィクションが同等の割合で備えられるかもしれない。より大きなコレクションでは，ノンフィクションの占めるパーセンテージが増大する傾向を示す。この割合は，地域社会のニーズとその公共図書館の役割にしたがって変わりうる。ヤングアダルトのニーズに応えるために，適切なコレクションが構築されなければならない（『IFLA ヤングアダルトに対する図書館サービスのためのガイドライン』を参照）。図書館が教育目的をはっきり打ち出している場合には，おそらくそれが蔵書構成に反映されるであろう。

信頼できる人口統計が利用できない場合には，基準の作成には別な方法が必要となる。サービス対象となる地域社会の推定規模，その図書館の規模，現在および今後予想される利用者の数は，コレクションの規模に関する基準作成のひとつの基礎として利用できる。類似の規模および構成の地域社会にサービスを提供するいくつかの既存の図書館との比較は，資料コレクションの規模とそれを維持するための財源についての目標値を決定するために利用できる。

4.7 電子的情報設備装置に関する基準

テクノロジー，特にコンピュータやインターネットアクセスに関する基準としては，以下のものがある。

▶カナダでは，これまで人口 5,000 人あたりコンピュータのアクセスポイント 1 台

という基準が使われてきた。
▶ オーストラリアのクイーンズランド州では，以下のような基準にしたがってパソコンを設置することが望ましいとされている。
- 人口 20 万人以下……サービス対象人口 5,000 人ごとにパソコン 1 台
- 20 万人を超えるサービス対象人口について……2,500 人ごとにパソコン 1 台
- これらの基準は，それぞれの図書館において，市民の利用に供されるパソコンの少なくとも 75 パーセントはインターネットに接続されなければならず，またすべてのパソコンがプリンターに接続されなければならない旨を勧告している。

▶ アメリカにおいては，フロリダ州の公共図書館に対する基準では，人口 3,000 人あたり最低 1 台のパソコンを設置し，そのすべてがインターネットに接続されなければならないとしている。

4.8　新設図書館のための資料コレクション構築プログラム

　新しい図書館の建設が検討されている場合，当初の資料コレクションの構成を決めるには，サービス対象となる地域社会の人口統計の評価が必要とされる。地域社会やそれを包含する広い地域の基準の作成には，新しい図書館がサービスを提供する人口の変化を考慮に入れなければならない。次にあげるものは，新設図書館の資料コレクションの構築についての段階的整備に関する望ましい基準である。

4.8.1　創設段階

　新しい図書館をつくる場合には，サービス対象地域に住む人々一般の情報ニーズに応えるために，基礎的な資料コレクションを構築するべきである。この段階においては，広範囲の収集を心がけるよりも，一般的なニーズを満たすために十分な範囲と深さをもつ情報資源の収集を目標とするべきである。この段階では，資料コレクション整備を補完するために，図書館間相互貸借制度を最

大限活用しなくてはならない。いくつかの国では，その図書館の蔵書を補完するために，国ないしは地方レベルのセンターの資料が利用されている。印刷物資料と電子的情報資源の両方にアクセスできる環境は，この最初の段階で整備されなければならない。

4.8.2　強化段階

この段階の目標は，所蔵資料の規模，範囲および深さの充実を達成することである。地域住民の人口構成の特別な状況を考慮し，そしてコレクションをサービス対象の人々のより深いニーズに応えるように整備する。やがて図書を廃棄しなければならない要因がはたらくようになり，図書の廃棄数が新規受け入れ数を相殺するようになると，コレクションの増加率は減少する。

4.8.3　安定段階

この段階においては，資料コレクションはすでに深さと範囲と質において，その地域社会のニーズを満たすものとなっている。この段階では，コレクションの質は除籍率に見合った新規受け入れ率によって維持される。新しい形態のメディアは，入手できるようになるにつれてコレクションに加えられ，技術の利用によって資源の最大限の活用が図られる。

4.8.4　情報コンテンツの制作

図書館は，情報コンテンツの制作にあたり，地域社会の情報資源を保存する役割を果たすべきである。情報コンテンツの制作には，情報案内の小冊子の発行や，図書館についての情報，または図書館が印刷物の形態で所蔵している情報へのアクセスを提供する意味をもつホームページの作成が含まれる。図書館が運営するホームページに役に立つウェブサイトやオンラインで利用できるその他の資料を目立つように表示することによって，図書館自体もまたインターネット上で利用可能なコンテンツへの案内として位置づけられなければならない。

▶ デンマークのヴァイレにある 8 つの公共図書館が協力して，その地域のすべての文化的イベントを伝えるウェブサイトを運営している。また，そのウェブサイト上に地元社会にある 2,000 以上にのぼる組織団体をとりあげ，その諸活動の推進を支援している。〈http://www.netopnu.dk〉

4.9　新規受け入れ率と除籍率

既設の公共図書館組織の一般的な所蔵図書については，新規受け入れ率および除籍率の基準を適用することができる。新規受け入れの公式の一例を以下に示す。

サービス対象人口	人口一人あたり年間図書購入冊数	人口 1,000 人あたり年間図書購入冊数
25,000 人以下	0.25	250
25,000 人を超え 50,000 人以下	0.225	225
50,000 人を超える	0.20	200

以下にあげた事例は，さまざまな人口規模の地域社会における資料コレクションの規模を提示している。

シナリオ 1
- 人口 10 万人に対しサービスを提供している既設の公共図書館組織
- 蔵書冊数の中央値は 20 万冊
- 年間新規受け入れ冊数は 2 万冊

シナリオ 2
- 人口 5 万人に対しサービスを提供している既設の公共図書館組織

- 蔵書冊数の中央値は 10 万冊
- 年間新規受け入れ冊数は 11,250 冊

シナリオ 3
- 人口 2 万人に対しサービスを提供している既設の公共図書館
- 蔵書冊数の中央値は 4 万冊
- 年間新規受け入れ冊数は 5,000 冊

▶ オーストラリアのクイーンズランド州の公共図書館の基準では，サービス対象人口にもとづく新規受け入れ率を提示している。
- 人口 25,000 人未満の場合，一人あたり年間 3 点
- 人口 25,000 人以上 10 万人以下の場合，一人あたり年間 2.5 点
- 人口 10 万人を超える場合，一人あたり年間 2 点

▶ アメリカ合衆国のフロリダ州の公共図書館の基準では，全体的な資料コレクションの規模の目標を達成するために，利用可能な資料総数の少なくとも 5 パーセントを毎年削減し，ある一定の割合を毎年追加していくことが望ましいとしている。

4.9.1 小規模図書館と自動車図書館

　所蔵資料の数量が限られている小規模図書館や自動車図書館のニーズを満たすには，一般的な新規受け入れ率では不十分である。図書館はすべて，利用者が自分で必要な資料を選択するのに十分な範囲の図書を提供するため，一定数量で示される最小限の所蔵資料を必要とする。人口 1,000 人あたり 250 点の新規受け入れ率は，もっとも小さなサービスポイントでは意味をもたない。そういう図書館では場所がないために，蔵書冊数が 2,500 冊という最低限の望ましい水準に達しないところがあるからである。このような場合には，新規受け入れ率，更新率もしくは入れ替え率は，サービス対象人口ではなく，コレクショ

ンの規模にもとづいて，年間におよそ100パーセントまたはそれ以上とすべきである。このような場合には，効率的な図書館間相互貸借制度が不可欠である。

4.9.2 特殊コレクション

一般的な新規受け入れ率と廃棄率は，コレクションのある部分にとって，もしくは特殊コレクション，あるいは特別の事情がある場合には，必ずしも適切ではないかもしれない。このような場合には，コレクション構築方針はその特別なニーズを反映しなければならない。特定の諸事例としては，以下のようなものがあげられる。

- その土地固有の情報資源　－　公共図書館は，そこに土着の人々のもつ文化に関連する情報資源のコレクションを維持し，推進し，またその資料コレクションへのアクセスを確保する役割を担っている。
- 郷土史の資源　－　地域社会の歴史に関連する資料は，積極的に収集し，保存し，利用に供されるべきである。
- 地域の中で高い割合を占める特定の集団，たとえば子どもたち，退職者，ヤングアダルト，その地域の土着の人々，少数民族，あるいは失業者などを抱える図書館は，これらの集団のニーズをそのコレクションとサービスに反映させなければならない。
- レファレンスコレクション　－　古いレファレンス資料は，調査研究の際に歴史的データを提供するため，保存する必要があろう。
- デジタルコレクション　－　印刷物のコレクションと異なり，デジタルコレクションは書庫スペースによる制約を受けない。しかしながら，そのデジタル資料がもはや有用でも新鮮でも適切でもなくなれば，やはり資料コレクションから除去されなければならない。

4.10　デジタルコレクションの管理

デジタルコレクションについては，従来の伝統的なコレクションと共通する

多くの基準がある。それらは，全体的なコレクションの範囲と一致し，利用の要求と水準に適合するものでなければならず，定期的に評価されなければならない。しかしながら，デジタル資料について特別に考慮しなければならないことがある。

- アクセス － 必ずしもすべての図書館利用者が，デジタル資源にアクセスするために求められる技術を身につけているとは限らない。これは，印刷形物の情報資源以上にデジタル情報資源を受け入れることによって利用アクセスが拡大するか減少するかについて検討することが大切である。
- 資金的，技術的な諸問題 － 図書館が館内でデジタル情報資源を運用する場合，技術の変化に応じて従前の電子ファイルを定期的に新しいフォーマットに変換するために必要となる時間と費用を考えれば，長期的な経費は印刷物の資料の維持に要する経費を大きく上回る可能性がある。
- 法的諸問題 － 公共図書館は，印刷物の情報資源にあてはまる著作権法の諸規定に加えて，さらにデジタル情報資源に適用されるあらゆる著作権法の規定を知っておかなければならない。そのうえに，図書館設置のコンピュータを用いて利用者がアクセスする情報資料やインターネットへのアクセスに関して，検閲と知的自由は公共図書館にとって考慮すべき大きな問題である。
- 使用許諾 － 電子ジャーナルのようなデジタルコンテンツのベンダーは，同時接続ユーザーの数，ダウンロード可能な数，館外からのアクセス，ユーザーのプライバシーおよび永続的なアクセスを制限しうる複雑な使用許諾諸条項を図書館に対して課すことが少なくない。それぞれの使用許諾契約書の諸規定を理解することが大切である。

デジタルコレクションは，公共図書館の情報資料コレクションの重要な一部を構成している。その独特の性質をもつデジタル情報資料を取り扱うために，図書館は，デジタル情報資料を対象とする特別なコレクション構築方針の作成

を検討してもよい。

参考文献

American Library Association. (2003). Negotiating contracts with database vendors.
   (http://www.ala.org/ala/mgrps/divs/pla/plapublications/platechnotes/negotiating.pdf accessed 1/01/2010).
Alabaster, C. (2002). *Developing an outstanding core collection: A guide for libraries.* Chicago: American Library Association.
Cassell, K.A., and IFLA. (2008). *Gifts for the Collections: Guidelines for Libraries.* IFLA professional report #112. The Hague: IFLA.
   (http://www.ifla.org/en/publications/ifla-professional-reports-112 accessed 1/01/2010).
Ellis, S., Heaney, M., Meunier, P., and Poll, R. (2009.) "Global Library Statistics." *IFLA Journal.* vol. 35(2): pp. 123.
   (http://archive.ifla.org/V/iflaj/IFLA-Journal-2-2009.pdf accessed 1/01/2010).
Evans, G. E., and Zarnosky, M.R. (2005). *Developing library and information center collections.* Westport, Conn ; London : Libraries Unlimited.
Griffey, J. (2010). *Mobile technologies and libraries.* Neal-Schuman.
Heaney, M. (2009). *Library statistics for the twenty-first century world: Proceedings of the conference held in Montréal on 18-19 August 2008 reporting on the global library statistics project.* Munich: K G Saur.
IFLA. (2002). *The IFLA Internet Manifesto.*
   (http://www.ifla.org/publications/the-ifla-internet-manifesto accessed 1/01/2010).
IFLA. (2001). Licensing principles.
   (http://www.ifla.org/en/publications/licensingprinciples accessed 1/01/2010).
IFLA Section on Acquisition and Collection Development. (2001). *Guidelines for a Collection Development Policy Using the Conspectus Model.* The Hague: IFLA.
   (http://www.ifla.org/en/publications/guidelines-for-a-collection-development-policy-using-the-conspectus-model accessed 1/01/2010).
Johnson, P. (2009). *Fundamentals of Collection Development and Management.* Chicago: American Library Association.
Library & Information Association of New Zealand Aotearoa (LIANZA). (2004). *Standards for New Zealand Public Libraries, 2004.* Wellington: N.Z.
Muller, P., Chew, I., and IFLA Section of Libraries for Children and Young Adults. (2008). *Guidelines for Library Services for Young Adults.* The Hague: IFLA. (http://www.ifla.org/en/publications/revised-guidelines-for-library-services-foryoung-adults accessed 1/01/2010).

National Information Standards Organization (NISO). (2008). *SERU: A Shared Electronic Resource Understanding*. NISO RP-7-2008.
(http://www.niso.org/workrooms/seru;
http://www.niso.org/publications/rp/RP-7-2008.pdf accessed 1/01/2010).

Poll, R. (2009). Bibliography "Impact and outcome of libraries." International Federation of Library Associations and Institutions (IFLA).
(http://www.ifla.org/files/statistics-and-evaluation/publications/bibliography-impact-outcome.pdf accessed 1/01/2010 accessed 1/01/2010).

State Library of New South Wales, Heather Nesbitt Planning, Library Council of New South Wales, and Bligh, Voller, Nield. (2005). *People Places: A Guide for Public Library Buildings in New South Wales*. Sydney: Library Council of New South Wales.
(http://www.sl.nsw.gov.au/services/public_libraries/library_mgt/lib_management_docs/peopleplaces_2ndedition.pdf accessed 1/01/2010).

State Library of Queensland. (n.d.). Queensland Public Library standards and guidelines.
(http://www.slq.qld.gov.au/info/publib/policy/guidelines accessed 1/01/2010).

Yale University Library. (n.d.). Liblicense: Licensing digital information: A resource for librarians.
(http://www.library.yale.edu/~llicense/index.shtml accessed 1/01/2010).

5 人的資源

「公共図書館は効果的に組織され,専門的な運営基準が維持されなければならない。

ライブラリアンは,利用者と各種情報資源との積極的な仲介者である。ライブラリアンの専門教育と継続教育は,適切な図書館サービスを確保するうえで,絶対に必要なものである。」

(『IFLA/UNESCO 公共図書館宣言』1994)

5.1 はじめに

職員は,図書館運営における決定的に重要な資源である。職員の人件費は通常,図書館予算の大きな部分を占めている。地域社会に対して可能な限り最善のサービスを提供するためには,図書館が擁する諸資源を効果的に活用し,地域社会の要求を満足させうる,十分な教育を受け,熱意にあふれた職員を常に抱えておく必要がある。いついかなるときでも,この責任を果たすために,十分な数の図書館職員が配置されなければならない。

図書館職員の管理それ自体がひとつの重要な職務である。すべての図書館職員は,図書館サービスの基本方針,明確に定義された義務と責任,および他の類似の仕事に匹敵する給与を含む,適切に調整された雇用条件を,明確に理解していなければならない。

5.2 図書館職員のスキル

図書館への要求が多様になるにつれて,図書館職員には,一般的な職務説明書にあげられているようなスキル以上に,専門的な技能が求められている。こうしたスキルに到達するための能力は,オン・ザ・ジョブ・トレーニング(OJT)

や継続した教育を通じてか，それまでの経験にもとづいて習得される。職員のスキルは伝統的に，組織における実務や手続きと関連づけられてきた。しかし，今はより密接に，科学技術や利用者サービス，対人関係のスキルと関連づけられている。職員にしばしば求められる基本的な資質とスキルは，以下のように定義することができる。

- 人々と積極的に意思の疎通を図れる能力
- 利用者のニーズを理解する能力
- 地域社会のなかの個々人や集団と協力できる能力
- 文化的多様性に関する知識と理解
- 図書館のコレクションを構成する資料とそれにアクセスするための知識
- 公共サービスの諸原則についての理解と共感
- 効果的な図書館サービスの提供にあたって，他の人々とともにはたらくことができる能力
- さまざまな変化を明確に認識し，それに対応できる柔軟さをもった組織人としてのスキル
- チームワークとリーダーシップのスキル
- 新しい思想や実践に取り組む想像力，先見性および寛大さ
- 新しい状況に対応するために積極的に業務方法を変更することができる度量の大きさ
- その時々に変化していく情報通信技術についての知識

▶クイーンズランド州の公共図書館に対する基準とガイドライン（付録6.2「スタッフ・人材の配置基準」を参照）は，オーストラリア図書館情報協会が公表した図書館スタッフが備えるべきスキルと能力についての基準を掲載したウェブページにリンクを張っている。〈http://www.alia.org.au/policies/core.knowledge.html〉

▶WebJunction（OCLCが提供する図書館職員向け研修サービス）には，能力指標

のなかに，アメリカ図書館協会およびアメリカ州立図書館諸組織が公表している職員が備えるべき諸能力の一覧リストが掲載されている。

〈http://www.webjunction.org/competencies〉

5.3 図書館職員の種類

公共図書館においては，以下のような職員の種類が存在する。

- 専門職の資格をもつライブラリアン
- ライブラリーアシスタント
- 一定の技能を備えたスペシャリスト
- 支援的職員

いくつかの国では，専門的資格をもつ者とそうでない者との中間に位置する，図書館サービスのテクニシャン，すなわち準専門職的職員という職種を加えている。

すべての職種の図書館職員は，フルタイムかパートタイムかのいずれでも採用することができる。いくつかの国においては，ジョブシェアリングと一般に呼ばれる方法によって，複数の人がひとつの職務を共有している。そうすることによって，フルタイムではたらくことのできない経験豊富な職員を指名し，引き続きその能力を生かす機会が得られる。

5.3.1 専門職の資格をもつライブラリアン

専門職の資格をもつライブラリアンは，図書館学および情報学の学修課程を履修し，学位または大学院レベルの学歴をもった図書館専門職として位置づけられる職員である。ライブラリアンは，地域社会において利用者のニーズを満たすために，図書館情報サービスおよび図書館情報システムを設計し，計画し，組織し，実施し，管理・運営し，評価する。このなかには，コレクションの構

築，情報資源の組織化と活用，利用者の情報探索および利用への助言および支援の提供，さらには図書館が保有する情報資源へのアクセスを容易にするシステムの開発が含まれる。専門職の資格をもつライブラリアンは，地域社会について知り，理解し，サービス対象である地域社会の構成メンバーと常に接触を保持しなければならない。特定の分野，たとえばマネジメント，児童向けの資料やサービス，レファレンスなどについての専門性を高めることは，必要な場合や，専門職チームを形成するときに，奨励されるべきである。

次にあげるものは，専門職の資格をもつライブラリアンの任務のいくつかを一覧にしたものである。この一覧表は，網羅的なものではないし，またおそらく専門職の資格をもつライブラリアンがこれらすべての活動を並行して実施するものでもない。

■計画の作成と管理運営
- 地域社会の保有する資源と情報ニーズを分析すること。
- 図書館サービスを展開するための基本方針を作成し，実施すること。
- 市民への図書館サービスを計画し，その提供に関与すること。
- 図書館情報資源の受入れについての基本方針の作成とシステムの整備。
- 図書館情報サービスを管理し，図書館情報システムを運営すること。

■情報提供
- 情報を検索し，提供すること。
- 適切な資料を利用して，レファレンスや情報案内の質問に答えること。
- 図書館資源と情報の利用のために，利用者を援助すること。
- 読書相談サービスを提供すること。

■マーケティング
- 特定の集団，たとえば子どもたちなどのニーズに応えるサービスを開発すること。
- 各種図書館サービスを推進すること。
- 図書館とそのサービスの振興，および職員を支援すべく積極的に活動する

こと。

■情報組織
- 図書館と利用者のニーズを満たすために，データベースを構築し，維持すること。
- 市民の情報ニーズに応えるために，図書館情報サービスとシステムを設計すること。
- 図書館資料の分類・目録作業をすること。
- 情報専門職と関連技術にかかわる最近の動向について，知識とスキルの新鮮なものに更新し続けること。

■評価と監視
- 図書館サービスとシステムを評価し，その活動実績を測定すること。
- 図書館職員を選抜し，評価し，管理し，教育すること。

■施設管理
- 図書館の新築や改装の設計および自動車図書館の仕様についての計画検討の場に参加すること。

■蔵書構築
- 所蔵資料に加える図書館資料の選択と購入。
- 利用者とともに読書を振興すること。

■利用者教育
- 地域社会のために教育や訓練の機会を提供すること。
- 特別なグループのニーズに応えるための種々のサービスを開発すること。

5.3.2 専門職の補助スタッフ

　専門職の補助スタッフの職務の代表的なものとしては，次のような業務が含まれる。非専門職スタッフの監督と職員のスケジュール管理，定型的なパブリックサービスとテクニカルサービスの仕事，そして建物と施設設備の維持補修などがそうである。彼らはしばしば市民がもっとも頻繁に接触する経験豊かな職員である。したがって，彼らが高い水準の対人的なスキルとコミュニケーシ

ョン技術をもち，適切な研修を受けることは，図書館にとって必要不可欠である。これらの職は，専門職ライブラリアンとなるためのキャリア形成や教育の機会を提供する。

5.3.3　ライブラリーアシスタント

ライブラリーアシスタントは，ほとんどの場合，規模の大きな公共図書館において，貸出，配架，図書館資料の整理作業，データ入力，ファイリング，事務的な支援，利用者の迎え入れや案内など，定型的な図書館運営にかかわる業務を遂行してもらうために雇用されている。また，彼らは子ども向けのイベント実施や美術や工芸に関する講座の支援にあたる。

5.3.4　一定の技能を備えたスペシャリスト

より大規模な公共図書館では，たとえばコンピュータシステムの管理者や，管理・運営，財務，設備技術者，研修およびマーケティング担当職員など，特定の職務を遂行するスペシャリストを雇用することができる。スペシャリストは，一般的に図書館学以外のそれぞれの専門分野における資格を保有するものである。

5.3.5　支援的職員

支援的職員には，守衛，清掃係，運転手および安全管理担当職員が含まれる。彼らは，図書館サービスの円滑な運営に貢献する重要な機能を担っている。彼らは，図書館職員組織の不可欠な部分と見なされなくてはならない。

5.3.6　図書館職員の構成

図書館職員の構成は，できる限り，サービス対象である地域社会の人口構成を反映させるべきである。たとえば，地域社会に特定の少数民族の人々が相当数いる地域では，職員のなかにそのグループのメンバーを含めるべきである。多様な言語集団からなる地域においても同じことが言える。これらの市民の多

様性を反映することは，図書館がすべての人に対してサービスをするものであり，市民のあらゆる部分から利用者を引き寄せようとしていることを，はっきりと示すことになる。また，図書館は，地方や国の労働法令を遵守しなければならない。

5.4 倫理的諸基準

　公共図書館職員は，一般市民や同僚および外部諸機関の職員に接するにあたり，高い倫理的諸基準を維持する責任を負っている。すべての市民一人ひとりが平等に扱われなければならないし，図書館から提供される情報ができるだけ完全で正確なものとなるよう，あらゆる努力がなされなければならない。図書館職員は，自分自身の個人的な態度や見解だけに依拠して，市民のどの層にサービスを提供するか，どのような資料を選択し，展示するかを決定してはならない。図書館が地域社会のすべての構成員がもつ情報ニーズに対応しようとするならば，市民は図書館職員の公平な仕事ぶりに信頼を寄せるにちがいない。いくつかの国の図書館協会は倫理綱領を作成しており，ほかのところで同様の規範を導入する際のにモデルとして利用できる。国際図書館連盟情報へのアクセスの自由と表現の自由委員会（IFLA/FAIFE）が管理・運営するウェブサイトには，さまざまな国の20以上にのぼるライブラリアンの倫理綱領の詳細が掲げられている。

5.5 図書館職員の義務

　図書館の運営は，あらゆる職員が職務上密接な関係をもち，チームとして努力をした成果であるべきである。しかしながら，図書館ではたらく職員については，できる限りそれぞれがもつスキルと資格にかかわる仕事に配置されることが重要である。たとえば，専門職の資格をもつライブラリアンを日常的に繰り返される貸出業務にあてることは，稀少な人的資源を無駄に使っていることになる。同じ理由から，図書館の規模と貸出率にかかわりなく，必ずしもすべての図書館で専門職の資格をもつライブラリアンを雇用する必要はない。限ら

れた時間しか開館していない小規模図書館では，専門職の資格をもつライブラリアンを常時配置しておかなくてもよい。しかしながら，そのような小規模公共図書館は，専門職の資格をもつ職員の監督のもとにおかなければならない。すべての図書館利用者は，直接対面して，あるいは電話やオンラインによって，専門職の資格をもつライブラリアンと接触する手段を与えられなければならない。図書館職員は採用の時点で，その職務と責任について明確に定めた書面による取り決めを結ぶべきである。そこで定められた諸規定は，当事者である職員と協議することなく変更されてはならない。

5.6 図書館職員の配置基準

それぞれの図書館で必要とされる職員の数は，たとえばその組織内の図書館建物の数，その規模と配置，それぞれの図書館建物の内部に設けられた部署の数，図書館利用の程度，種々の館外サービス，および専門的技能を有する職員に求められる諸要件など，広範囲に及ぶ諸要因によって影響を受ける。地域もしくは全国レベルの中心的な機関からいくつかの図書館サービスが提供され，あるいは補完される場合には，地域の図書館で必要とされる職員数に影響を及ぼすことになる。利用できる諸資源の程度もまた決定的な要因となる。

図書館サービスにとっての適切な職員配置の水準を定めるひとつの方法は，匹敵する規模と類似の特徴をもつ図書館を対象として，比較検討を行うという一連のプロセスを実行することである。

5.7 ライブラリアンの教育

専門職の資格をもつライブラリアンは，図書館学・情報学の学位または大学院レベルの課程を修めてきた人たちである。ライブラリアンは最近の発展動向に遅れをとらないようにするため，公式，非公式に専門職としての継続的な能力開発に努力しなければならない。公共図書館ではたらくライブラリアンは，自国のライブラリースクールと密接な関係を維持し，その教育内容について熟知しておくよう努力することが大切である（逆に，ライブラリースクールは公共図書

館ではたらくライブラリアンと密接な関係を保たなければならない)。彼らは可能ならばいつでも，たとえば講義を受け持ったり，将来のある学生たちの就職の際の面接準備を援助したり，インターンシップの機会を提供したり，その他の適切な態様の協力をすることにより，図書館情報学教育機関の活動に参加するべきである。

5.8 研修

　研修は，公共図書館の諸活動のなかでも非常に重要なもののひとつである。フルタイムとパートタイムの両方の職員を含め，あらゆる職階の図書館職員に対して，計画的かつ継続的な研修プログラムが欠かせない。情報技術の急速な発展によって，定期的な研修は今までより以上に欠くことのできないものであり，他の情報源とのネットワーク形成とそれへのアクセスの重要性については，研修プログラムに盛り込まれるべきである。一定の技能を備えたスペシャリストや支援的職員は，公共図書館の諸機能と目的およびその業務の背景に関する基礎的な研修を受けるべきである。

　新しいシステムを導入するための予算を編成するとき，研修のための項目を立てておかなければならない。大規模図書館では，研修プログラムを計画し実施するために，研修または人事担当職員のポストを創設することが望ましい。研修に使える資金を確保するために，一定割合の予算を研修目的に充当するべきである。

▶図書館予算全体の 0.5 〜 1 パーセントを研修を目的とする事業のために充当するべきである。
▶図書館職員に対する研修については，フロリダ州地域支援センターの場合には，現場での研修とインターネットを通じての研修が提供されている。
　〈http://www.neflin.org/〉と〈http://www.tblc.org/training/index.php〉

予算額が減少しているときにこそ，十分に教育を受けた職員の必要性が非常に大きくなるので，ここで示した水準の資金が研修のために確保されなければならない。

5.8.1 助言・指導

効果的で経済的な研修の方法のひとつは，教育係による指導・助言制度の導入である。新人職員はこの制度のもとで，ガイダンスと訓練を提供できる比較的経験豊かな同僚と一緒に仕事をする。教育係は，新入職員のメンバーに対して，彼らの仕事と雇用に関する諸問題について助言を与えることができなくてはならない。この制度を効果的に運用するためには，教育係が提供する訓練のチェックリストを作成しなくてはならない。

5.8.2 人脈

実務を通じて行う訓練に加えて，図書館職員には，直接自分自身が会場に赴く形かインターネットを通じての遠隔研修の形態かを問わず，短期の研修コースに参加する機会が与えられるべきであるし，また自分の職務遂行に必要な能力の向上に資する会合に参加する機会が提供されなくてはならない。図書館職員に対しては関係する図書館界の組織団体における活動的なメンバーになることが奨励されるべきであり，そのことによって他の図書館ではたらく職員と人脈を形成し，職務に対する考え方や経験について情報交換する機会が得られる。また，そうすることにより，国内の図書館か外国の同種の図書館であるかを問わず，他の図書館にはたらく図書館職員との人的交流を可能にすることができる。このような仕組みは，間違いなくあらゆる図書館関係者にとって価値ある貴重な経験をもたらすことになる。

5.9 キャリア形成

知識とスキルを備えた熟練の図書館職員に対してその職務に精励する刺激を与え，勤労意欲を保持させるために，職場での地位にかかわらず，すべての職

員がどのような諸々のキャリア形成のための機会が利用できなければならない。図書館職員のスキルを改善し向上させるために，図書館職員に対して現在の実績を評価し指導する業績審査の仕組みが整備されなければならない。また，このような業績審査を定期的に行うことによって，昇進・昇任人事に役立ち，そのような人事異動が実施できる。専門職団体や種々の公共図書館によって提供される雇用終了後（ないしは継続教育）のトレーニングは，同様にキャリア形成に寄与するきわめて重要な構成要素である。

5.10 労働条件

あらゆる図書館職員は満足できる労働条件を享受するべきであるし，雇用条件については，採用時に新入職員に対して示される労働契約書に明確に記述されていなければならない。図書館職員の給与は，対象とされる職務内容の程度に見合った適切な賃金水準でなければならず，その地域社会における他の類似の仕事に支払われる賃金に匹敵するものでなければならない。

5.10.1 保健衛生と安全

図書館職員の保健衛生と安全確保については，高い優先順位が与えられなければならず，危険を回避するための基本方針と手続きが定められなければならない。以下のことがらについて検討されなければならない。

- 図書館職員にとっての良好な労働条件
- 人間工学の成果を踏まえた設計の家具や備品
- 特別なニーズをもった職員や障害をもつ職員に対する技術的支援手段の利用可能性
- 避難計画の作成と定期的な訓練の実施
- 保健衛生や安全にかかわる危険を確認し，できる限り早い段階でそれを除去すること
- すべての施設設備と情報通信網を，公認された安全基準にしたがったもの

とするよう努めること
- 図書館職員の健康と安全に関する委員会の設置
- 救急医療担当職員と防災担当職員の任命と研修
- 職員のための安全確保手段の提供，特に職員が夜間または館外で勤務する場合
- 図書館の保有する車両の運転に従事する職員に対する高度な運転技術修得のための研修機会の提供
- 必要な場合には身を守るための衣類等の供与
- ブックトラックにのせる容器や積み荷の重量の制限

　公共図書館は，夜間や週末を含め，よく長時間にわたり開館している。職員の勤務体制スケジュール表を作成するとき，彼らが社会的活動のために職務を離れ，適切な休暇が得られるよう，労働時間の配分に可能な限りの配慮がなされるべきである。良好な労使関係を維持し，職員とともにそれを育てていくことが大切である。

5.10.2　問題行動をとる利用者
　市民が自由にアクセスできる建物はどこでもそうであるが，そこではたらく職員は時折，不愉快で反社会的な態度でふるまう利用者に出会うものである。図書館職員はそのような状況への対応のしかたについて訓練を受けるべきであるし，他の職員にその旨の注意喚起を伝える内部連絡体制を整えておくべきである。問題が発生すれば，その出来事の詳細を記録にとどめなければならない。警備員や社会福祉担当行政職員のような他の職員とも連携し，そのような状況に対応しようとする図書館職員を支援する体制づくりを進めるべきである。あらゆる関係する地域社会に存在する諸機関との強力な結びつきが，非常に重要である。連携関係があれば，図書館職員は権限がなくても，事実上対処することができる状況にある場合には，図書館職員と図書館はすみやかに支援を得ることができる。

5.11 ボランティア

　図書館職員の援助のために，図書館が地域社会に住む個々人からボランティアを募り，その支援を利用する場合，ボランティアの任務と，図書館運営および職員との関係を明記した基本方針を用意しなければならない。ボランティアは，賃金の支払われる職員の代替物として利用されるべきものではない（本章に掲載されている図書館資源一覧にある基本方針のなかで示したボランティアに関する方針を参照のこと）。

▶アメリカのマサチューセッツ州にあるグリーンフィールド公共図書館のボランティアプログラムは，図書館のパブリックサービスを館内から地域社会に拡大し，高度なものとするために仕組まれている。一般的には，ボランティアは有給の図書館職員が行うサービスに支援を与えたり，特別なプロジェクトではたらいたり，あるいは在宅を余儀なくされている人たちに図書館資料を届けたりしている。ボランティアたちには，図書館の人材活用方針にしたがって活動し，利用者サービスに対する図書館の積極的な姿勢を反映することが期待されている。

〈http://www.greenfieldpubliclibrary.org/Volunteer.html〉

参考文献

Cohn, J. & Kelsey, A. (2006). *Staffing the modern library*. New York, NY: Neal-Schuman Publishers, Inc.

Gorman, M. (2003). *The enduring library: technology, tradition, and the quest for balance*. Chicago: American Library Association.

Goodrich, J. (2007). *Human resources for results: The right person for the right job*. Chicago: American Library Association.

Haley, C. K. (2009). Online Workplace Training in Libraries. Information Technology and Libraries. (http://www.ala.org/ala/mgrps/divs/lita/ital/272008/2701mar/haley_html.cfm accessed 20/11/09)

IFLA. (n.d.) *Professional codes of ethics for librarians.*
    (http://www.ifla.org/en/faife/professional-codes-of-ethics-for-librarians)
Jain, P. (2005). "Strategic human resource development in Botswana." *Library Management* (26) 6/7: pp: 336-350.
Jenkins, H. et. al. (2006). *Confronting the Challenges of Participatory Culture: Media Education for the 21st Century.* Newmedialiteracies.org. Chicago, IL.: The MacArthur Foundation.
    (http://www.newmedialiteracies.org/files/working/NMLWhitePaper.pdf accessed 15/11/09).
Mid-Huston Library System (n.d.) Trustee resources: *Sample public library policy and development tips.*
    (http://midhudson.org/department/member_information/library_policies.htm accessed 3/09/2010)
Moran, B., Ed. (2003) *Training skills for library staff.* Lanham, Md: Rowman & Littlefield Publishing Group, Inc.
Oh, K. & Yunkeum, K. (2005). *Developing a dynamic Korean public library system.*
    (http://archive.ifla.org/IV/ifla72/papers/130-Oh_Chang-en.pdf accessed 12/11/09).
Preer, J. (2008). *Library ethics.* Littleton, CO: Libraries Unlimited.
Pugh, L. (2005). *Managing 21st century libraries.* Lanham, Md.: Scarecrow Press.
Rubin, R. (1991). *Human resource management in libraries: theory and practice.* New York, NY: Neal-Schuman Publishers, Inc.
Todaro, J. & Smith, M.L. (2006). *Training library staff and volunteers to provide extraordinary customer service.* New York: Neal-Schuman Publishers.
Online Computer Library Center (OCLC). (n.d.). "Webjunction: Where librarians and library staff connect, create and learn."
    (http://www.webjunction.org accessed 1/01/2010).
Whitmell, V. Ed. (2005). *Staff planning in a time of demographic change.* Lanham, Md.: Scarecrow Press.

公共図書館の管理・運営

> 「地域社会のニーズを踏まえて，目標，事業の優先順位およびサービスを定めた明確な基本方針が作成されなければならない。公共図書館は効果的に組織され，専門的な運営基準が維持されなければならない。」
>
> (『IFLA/UNESCO 公共図書館宣言』1994)

6.1　はじめに

　運営に成功している公共図書館は，地域社会のかかえる多様で変わりゆく情報ニーズを満たす広汎な図書館情報サービスを提供するために，他の諸機関と協働し，個々人と手を携えて，いきいきとした活発な活動を展開する組織である。公共図書館が有効な機関として存在するためには，経験豊富で柔軟性に富み，十分に訓練され，さまざまな管理・運営技術を駆使できる管理者と職員を必要とする。本章では，公共図書館の管理・運営に関する主要な要素について検討する。

6.2　管理・運営の技術

　公共図書館の管理・運営には，いくつかの性質を異にする熟練した能力が関係する。

- リーダーシップと動機づけ
- 管理機関および資金供給機関との間の効果的な関係の維持
- 計画策定と基本方針の作成
- 他の諸機関とのネットワークの構築と維持
- 予算獲得のための交渉と管理・運営

- 図書館所蔵の諸資源の管理・運営
- 人事管理
- 図書館システムの計画と開発
- 変革に対応する図書館運営
- マーケティングと図書館サービスの振興
- 地域社会との連携と議会への積極的なはたらきかけ
- 代替的な財源からの資金調達

6.2.1　リーダーシップと動機づけ

　図書館の管理者は，公共図書館の価値が国際的，国内的および地域社会の基盤として必要不可欠な一部を構成していることを主張するという，きわめて重要な役割を帯びている。彼または彼女は，あらゆるレベルの政治家や主要な関係者に対して，公共図書館の意義と活動について積極的に語りかけ，その人たちが図書館の重要性を認識し，その維持と整備のために必要で十分な資金を投入する気になるよう仕向けなければならない。図書館の管理者は，管理機関に対し，公共図書館サービスに影響を与えるかもしれない新しい発展について知らせ，また市民に向けてなんらかの新しいサービスを提供しようとする場合に図書館サービスが利用できる重要な方法手段となることも認識させなければならない。

　図書館の管理者は，職員のやる気を引き出し，図書館組織と職員にエネルギーと活力および力強さを吹き込む責任を負っている。また，図書館の管理者は，図書館の施設・設備の充実を進めることと，図書館サービスによって地域社会の図書館情報ニーズを満たすことができるように，情報技術をも含め，資源の効果的利用を最大限確保するうえでも重要な役割を演じている。

6.2.2　管理機関および資金供給機関との関係

　公共図書館は，その目標を達成するために，適切かつ持続的な財源を必要とする。図書館の管理者にとって，図書館サービスを管理し，かつ資金を提供す

る各機関と密接で建設的な関係を築き，それを維持することはきわめて重要である（これは時にアドボカシー（図書館への積極的支援）と呼ばれる）。図書館の管理者は，公共図書館組織のトップを占めるものとして，図書館サービスに直接責任を負う図書館委員会あるいは理事会に直接接触し，積極的な関係を維持しなければなければならない。図書館の管理者とその管理機関のメンバーとの間には，正規の会合のほかに，いつも非公式の接触が保たれなければならないし，また彼らは図書館サービスと最近の動向や将来の発展について熟知していなければならない。

6.2.3　計画策定と基本方針の作成

計画策定においては，以下のことが確保されなければならない。

- 図書館は地域社会の種々のニーズに応える。
- 図書館の管理機関，管理者と職員は，図書館がいま何を達成しようとしているかについて理解している。
- 地域社会から与えられた資金を効果的に使うとともに，その使用に責任をもつ。
- 職員の人事異動にかかわりなく，図書館サービスの継続性を維持する。
- 図書館は，新しいサービスを開発しながら，地域社会の図書館に対する期待を拡大する。
- 図書館は，変化に対して効果的に対応することができる。

地域社会のあらゆる部分の人たちに対して，公平で効果的，および効率的な図書館サービスへのアクセスを提供するには，公共図書館の諸目的，長期・短期の諸目標，種々の戦略と活動実績の測定に関して確定しておくことが不可欠である。戦略的計画と実施計画には，体系化と文書化および採択手続きが必要とされる。

計画の策定は，孤立して行われてはならず，管理機関と資金供給機関，そし

て図書館職員と，サービス対象である現在の利用者および潜在的利用者とが協力して行うべきである。戦略的な計画は利用者地域住民のためのものでなければならず，以下の諸要素を含んでいなければならない。

- 成果の見直し
- ニーズの検討
- 将来構想およびミッションステートメント（図書館経営の理念）
- 優先事項と短期的諸目標の確認
- 諸目標を達成するための種々の戦略の展開
- 成功するための重要な諸要因の確認
- 予算の配分
- 最大限の活動実績を達成するための諸資源の配置
- 利用者地域住民の利益を保障するインプット，アウトプットおよびアウトカムとしてとりあげる諸項目についての測定と評価
- 情報ニーズと基本方針の再評価

6.2.4　実施計画の作成

　図書館サービスの諸活動が，戦略的計画において確認された優先事項とそこに掲げられた諸目標の達成の成否によって評価されることを保証するには，実施計画が必要となる。実施計画は，以下の諸要素を反映したものでなくてはならない。

- 利用者に対するサービスを中心にすえること
- 戦略的計画に掲げられた優先事項と諸目標の実現に向けての事業
- 承認された戦略を実施するにあたっての諸要素の組み合わせ
- 測定評価の運用がしやすく達成可能な計画期間のなかで，一義的に定める諸目標を作成すること
- インプットレベルに対する達成可能なアウトプットを定めること

- 諸々の活動を実施している図書館職員の参加
- 目指す種々のアウトプットを達成するために，特定の職員に対して一定の権限を分配すること
- 定期的に計画を監督し，評価し，改訂するためのプログラムをつくること

条例あるいは地域社会の法令，特定の基本方針および手続的定めが必要となるかもしれず，またそれらが適切に制度として整えられ，文書化され，さらに関係者全員に周知されなければならない。業務計画とマーケティング計画，市場調査，地域社会のニーズ分析，および現実の利用者と潜在的利用者に対する調査は，当然，管理運営過程の一部を構成するものである。

将来に向けての計画では，積極的な改革と柔軟な対応を唱えなければならず，図書館サービスと職員および利用者に対する過渡的な影響を最小限にすることを目標としなければならない。効果的な改革を達成するには，あらゆる利害関係者が改革の過程にかかわらなければならない。

6.2.5　（環境に優しい）グリーンライブラリー※

人間によって築きあげられた環境は，自然環境，人間の健康，そして経済に途方もない影響を及ぼす。環境に配慮したグリーンビルディングの手法と運営戦略を採用することにより，公共図書館は経済と環境の両面においてそのはたらきを極大化することができる。グリーン建設工法は，設計・建築段階から修復・解体にいたるすべての段階で建築構造物に応用できる。しかしながら，設計建築チームが建築プロジェクトのもっとも最初の取りかかりの段階からグリーン建設工法を取り込むやり方をすれば，非常に大きな利益を得ることができる。

世界グリーンビルディング評議会は，そのウェブサイト（http://www.worldgbc.org/greenbuilding-councils/green-building-rating-tool）に9段階の達成レベルからなるグリーンビルディング評価法を公開している。現在このグリーンビルディング評価法を採用している諸国には，オーストラリア，カナダ，ドイツ，インド，日

本，ニュージーランド，南アフリカ共和国，イギリス，そしてアメリカがある。
　インドのグリーンビルディング評議会が実施しているエネルギー・環境設計リーダーシップ（LEED-INDIA）というプロジェクトは，以下にあげる分野における実績を認証することによって建築構造物全体の持続可能性を高める方策を推進している。

- 持続可能な場所の選定と開発整備
- 水資源の保全
- エネルギー効率
- 地元の資源の利用保全，建築資材の保護保全と廃棄物の減量
- 室内環境の質

　グリーンライブラリーを構成する建築物に備えられるべき，よく知られた特質としては，以下のものが数え上げられる。

- 再利用された建築資材
- 低揮発性有機化合物を使用したペンキ，カーペットや接着剤
- 太陽光パネル
- 日照
- 屋上緑化
- 雨水採取

　多くの図書館は，日常的な業務遂行戦略として環境に配慮した実践を行っている。緑化活動は日常の実施戦略に組み込まれている。これらの実践活動には以下の事柄が含まれうる。

- 紙や厚紙を再利用すること
- 有機物質の堆肥化

- エネルギー効率の高い電球の利用
- 無害の洗浄剤の利用

▶ アメリカのインディアナ州のある図書館は丘のふもとに建てられており，平坦な屋上に 17,250 平方フィートの緑化スペースをもっている。地元の丘から運ばれた土は図書館に夏の清涼と冬の温暖をもたらし，屋根から流れ落ちる雨水が庭園を潤す。

▶ カナダのアルバータ州にあるカルガリーに立地するある図書館は，水資源の利用を減少させるとともにエネルギー浪費を避けるために，自然光の利用と屋外の太陽光遮蔽の施設およびオンデマンド方式の湯沸かし施設を低水量配管設備によって統合している。

▶ オハイオ州に立地するあるアメリカ連邦政府の図書館のエネルギー効率は，白い屋根，駐車場に敷設された白いコンクリート，効果的な熱回収システム，太陽光遮蔽装置と照明制御システムによって高められることになっている。破砕されたコンクリート片が新しい建設敷地に直接搬入利用されるなど，現用建築物の解体から発生する廃棄物は再利用された。

▶ アメリカのカルフォルニア州，サンタモニカのある図書館は，地下の駐車場，太陽電池パネル，そして旱魃を感じさせない風景を演出するための灌漑に用いられる洪水調節施設を備えている。この図書館建設に用いられた建築資材の 50 パーセント以上は実質的に再利用されたものである。また，この図書館では低水量トイレや無水小便器を設置している。

6.3 図書館ネットワークの構築と維持

　図書館の管理者は，ICT（情報通信技術）と図書館協力によって実現した協同的サービスへの最適なアクセスを確保するために，全国，地方および地域社会レベルにおいてネットワークを整備し，維持するよう努めなければならない。こ

れによって，地域社会の利用者が，非常に広い範囲に及ぶ情報資源を利用することができるようになる。また，図書館の管理者は，図書館とその利用者住民および連携・提携機関の双方にとって利益がもたらされるように，地域社会に存在する他の組織との効果的な連携・提携関係を展開すべきである。その具体的な連携・提携先として，学校，博物館や公文書館，その他の地元自治体の諸部局やボランティア組織があげられる。このような協力関係の構築が，公共図書館の役割を地域社会の活動の中心に押し上げることになる。図書館の管理者は，可能なところではどこでも，設置母体の組織内部であれ，また地元地域社会の内部であれ，図書館が（イベントやプロジェクトの事務局メンバーであるかのように）活動的で積極的な役割を引き受けることを保障しなければならない。

6.4　財務管理

　図書館が確実に，（最大限の効果をあげるよう）効率的に，（最小の経費で運営されるよう）経済的に，そして（最大限の便益を得られるよう）効果的に運営されるためには，財務管理と財務計画は非常に大切である。

　これらの目的を達成するためには，図書館の管理者は次のようにしなければならない。

- 国，州政府もしくは地方自治体，ないしはその他の資金源から獲得する資金額の増加を図る方法を探求すること。
- 必要な資金取得のための起債を含め，その図書館の長期計画にもとづき，3年から5年の資金計画を作成すること。
- その図書館の基本方針の宣言に掲げられ，事前に決められた優先順位にもとづき実施される諸活動を支援するために資金を配分すること。
- 適切な場合には，利用できる資金を最大限効果的に使用するために，共同購入のための協力関係を確立すること。
- さまざまな活動や事業に充当する経費を決定し，また将来の計画策定に役立つよう，具体的活動にもとづく経費を算定すること。

- 施設・設備の更新には資源保護に留意するという基本方針を守ること。
- 必要な場合には，常に効率と効果の改善を目指す自動化技術を評価し，導入すること。
- なんらかの形で予算の執行に責任を負っている職員のすべてが，権限の範囲にある資金の支出について十分に説明できるシステムを導入すること。
- 職員の生産性と能率を改善すること。
- 財政的支援に代わる別個の資源を確保するための諸々の戦略を，代替財源と提携するために策定すること

6.5 図書館資源の管理・運営

　図書館予算の大きな部分は，図書館資料と図書館サービスに関する支出である。図書館の管理者は，これらの資金が適切に，かつ事前に承認された優先順位にしたがって支出されるようにしなければならないし，また図書館資料と図書館サービスが利用者地域住民に最大の便益をもたらすように維持され，利用に供されることを保障しなければならない。

6.6 人事管理

　図書館職員は，図書館が擁する各種資源のなかでも決定的に重要なものであり，通常，職員給与は図書館予算の最大部分を占めている。図書館職員が非常に能率よく，精一杯のやる気と仕事に対する満足感を抱いてはたらくためには，人事管理について配慮が行きとどき，首尾一貫し，健全な諸原則に基礎をおくことが非常に重要である。以下にあげることは，人事管理に関する重要な要素である。

- 職員の任免に関する公平な手続き。職員募集に先立って，その職務とそれに求められる資格・経験等についての明細が作成されなければならない。すべての応募者に対して公正な方法で，面接試験が実施されなければならない。専門職としての能力と判断力および採用予定の職務に対する適格性に

よってのみ，採用が決められるべきで，ほかのどのような要因によっても採用がゆがめられてはならない。
- あらゆるレベルに在職する職員の間の良好なコミュニケーション。管理者は，図書館サービスに関する基本方針と仕事の手続きについて，職員が十分に承知しているかどうかを確認するために，定期的に図書館内部の意思伝達のシステムを見直さなければならない。
- 図書館職員が基本方針と日常業務の手続きの作成に参加する機会。職員がもつスキルと経験を最大限生かすためには，職員の側からの発案を奨励するべきである。職員を意思決定過程に巻き込むことによって，彼らは図書館サービスに関する基本方針およびその手続きが「自分たちのもの」であると感じることになる。（女性・被差別少数民族の雇用・教育の機会を増大させる）積極的優遇措置の実施という原則もまた採用されることが望まれる。
- 職員研修とキャリア開発に利用できる諸々の機会を保障すること。

6.7　図書館システムに関する計画の作成と開発

資源を最大限効果的に活用するために，公共図書館はさまざまなシステムを必要とする。たとえば，貸出管理，財務管理，内部的な情報通信システム，およびインターネットへのオンラインアクセスがそうである。図書館の管理者は，必要な場合にはシステム開発を専門とする職員を起用して，適切なシステムの導入に努めなければならない。こうしたシステムを使用するときには，職員に適切な研修が与えられなければならないし，そのシステム利用の効果については定期的に検討されなければならない。

6.8　改革の管理

他の多くの組織と同じように，情報技術の急激な進展および社会と人口構成の変化の結果，公共図書館は今，前例のない，しかも変動の真っ只中を突き進んでいる。これは公共図書館に対するすばらしい機会を提供している。それは，まさに情報提供こそ公共図書館の主要な役割のひとつであるからである。それ

はまた，図書館の管理者と職員に対して，職員と組織に関し最大限の効果を発揮しつつ，ストレスは最小限に抑え，改革を実施しなければならないという課題を投げかけている。図書館の管理者は，継続的かつ根本的な変化がもたらす諸問題を理解し，それらを取り扱う方法を確立しなければならない。

6.8.1 将来に向けての計画の作成

図書館の管理者は，図書館サービスの発展に影響を及ぼすかもしれない図書館界の内と外の両側の動向に敏感でなければならない。彼らは，図書館サービスの将来像について，特に技術的な面の変化にともなう影響が予想できるように，本を読み，検討する時間をつくらなければならない。図書館の管理者はまた，政策立案にかかわる人々や他の職員に対して，図書館の将来動向について十分な情報提供を続け，その認識を高めるよう努めなければならない。

6.9　権限の委任

公共図書館サービスの展開を指揮する図書館の管理者は，その管理機関とともに，図書館サービスに対する究極的な責任を負っている。しかしながら，資料であれ，職員であれ，あるいは図書館の建物であれ，図書館資源に対してなんらかの責任を負う図書館職員のすべては管理的役割を担っており，そしてこのことは図書館の管理者と関係職員に理解されていなければならない。彼らは，管理業務に関して適切な研修が与えられなければならず，可能なときには常に，図書館の基本方針の作成に参加しなければならない。管理業務の権限は適切な下位レベルの職員に委任されるべきである。どのような権限が委任されているか，そして上司への報告の仕組みを明確に定めなければならない。職員が委任された権限を効果的に遂行するために，研修が行われなければならない。計画的に権限委任の仕組みをつくれば，広範囲の職員のスキルと経験を活用することができ，専門的な職能を開発する機会を提供することができる。また，そうすることによって，図書館サービスの開発と運営に深く関与する人々の数を増やすことができ，職務遂行の満足感を向上させ，職員に対して昇進の機会が来

たときのために，その準備をさせることができる。

6.10　管理運営に用いられる諸手段

公共図書館では，広範囲に及ぶ管理のために諸々の手段を利用することができる。それらの手段の妥当性は，多くの要因によって決まってくる。たとえば文化的背景，図書館サービスの規模と特質，同一組織のなかの他の部署の管理運営形態，および図書館のもつ経験と利用可能な資金などである。しかしながら，以下のものは公共図書館では，ほとんどあらゆる状況において重要な手段を構成する。

- 入念な環境の調査
- 地域社会の情報ニーズの分析
- 観察と評価
- パフォーマンス（活動実績）の測定

6.10.1　入念な環境の調査

マーケティング担当者は，しばしば内部環境を'ミクロ環境'と定義する。この内部環境は，外部環境と連動して機能する。組織がそのような内部環境と外部関係との関係をもっているとの認識が深まれば，その理解の程度に応じてその組織はいっそう積極果敢に変化に対応できる。図書館がおかれている環境および図書館が提供している資料とサービスは，結局のところ，図書館の利用者であるエンドユーザーに影響を及ぼすことになる。図書館が制御できない諸要因によって形成されているいっそう広がりのある環境は，外部環境あるいは'マクロ環境'と呼ばれている。これらの外部的諸要因は，地元社会，地方，全国または国際的なレベルから発生する可能性がある。これらの諸要因には，経済的状況，地理的な諸特性および基盤，競争，法的ないしは政治的な制約や問題，技術開発，メディア，天然資源，さらにはたえず変化している社会的および文化的な諸条件が含まれる。

前述したこれら諸分野から情報を収集する過程は，事実上'入念な環境の調査'の手続きにほかならない。このような検討をしている間，図書館の管理運営は，外部環境がもたらす改善のチャンスと脅威だけでなく，たえず内部組織の長所と短所を確認している。全体的にみると，この調査検討行為は，特定の組織とその環境についての強み (Strengths)，弱み (Weaknesses)，機会 (Opportunities)，および脅威 (Threats) を評価しているわけで，経営学で使われるSWOT分析リストとしばしば呼ばれているものを作成していることになる。この入念な調査は重要なデータと関係するデータを収集し，そしてSWOT分析による評価になるわけであるが，その図書館の対象とする利用者地域住民がもつ特定のニーズと要求を満足させる最適の資料と図書館サービスの提供に役立つ諸要因がなんであるかを理解する最善の機会を生み出すことにつながる。

6.10.2 地域社会のニーズの分析

地域社会全体のニーズを満足させるサービスを提供するために，公共図書館はそのニーズがどの程度のものかを確認しなければならない。地域社会のニーズや期待は変化するであろうから，このような手続きは定期的に，おそらく5年ごとに繰り返す必要がある。地域社会のニーズの評価とは，図書館が地域社会とその図書館情報ニーズについての詳細な情報収集を含む一連の過程である。計画の策定と基本方針の作成は，この評価の結果にもとづくもので，このようにして図書館サービスと情報ニーズのバランスが達成されうる。いくつかの国では法令によって，設置母体である地方自治体に対し，地域社会のニーズの評価作成が課されている。

収集されるべき情報には，以下のものが含まれる。

- 地域社会の社会的人口統計に関する情報，たとえば年齢層や性別の分析，民族的多様性，教育水準など
- 地域社会に存在する機関や団体に関するデータ，たとえば教育機関，保健センター，病院，矯正施設，ボランティア組織など

- 地元の商工業に関する情報
- その図書館のサービス対象地域，すなわちその図書館の利用者が住む場所と図書館との位置関係
- 地域社会の交通流動パターン
- その地域社会にある他の諸機関によって提供される情報サービス

　これは網羅的な一覧ではなく，個々の状況において地域社会のニーズを評価しようとすれば，どのような情報が必要かを確認するためには，さらに調査研究が必要となるであろう。しかしながら，地域社会のカルテを作成するための原則は，図書館長と管理機関にとって，地域社会のニーズに見合った図書館サービスの整備とその推進に関し計画を策定するうえで不可欠であり，地域社会がたとえどのような状況におかれているとしても，重要な原則である。市民がどのような図書館情報サービスを望んでいるのか，どの程度の水準のサービスを望んでいるのか，また市民が提供されるサービスをどのように評価しているのかを確認するために，図書館に関する評価は，定期的な利用者調査によって補完されなければならない。調査活動には専門的技術が必要であり，一定の資金が利用できる場合には，その調査を外部の機関に実施させれば，もっと客観的な結果を得ることができよう。

6.10.3　観察と評価

　図書館サービスがその目標を目指して展開されているとき，図書館の管理・運営は財務管理と，図書館活動の観察と評価という面から，説明責任が果たされなければならない。図書館経営に携わる者は，戦略的計画と実施計画にそって進められた成果が所定の諸目標を達成するものかどうかを明らかにするために，たえず図書館サービスに関する活動実績を観察し続けなければならない。その動向を確認するために，時間をかけて統計をとらなければならない。その図書館の実績を観察し分析しようとすれば，地域社会のニーズと満足度に関する調査および活動実績の指標が貴重な手段となる。提供される図書館サービス

の質と，それが地域社会に与える影響を測定するための手法が開発されなければならない。図書館の実施する事業とそれが提供する各種図書館サービスのすべてを定期的に評価し，以下の諸項目が満たされているかどうか確かめるべきである。

- その図書館の諸目的および公表されている目標を達成しているか
- 現実に，また定期的に実施しているか
- 地域社会の情報ニーズを満たしているか
- ニーズの変化に対応できているか
- 改善，新たな方向づけ，あるいは解釈変更の必要があるか
- 資源が適切に配分されているか
- 費用効果

図書館内部での手続きや処理過程もまた，能率と効果を増大させるために，常に評価と見直しを求められている。

外部評価と会計監査もまた，図書館がサービスの対象としている地域社会と資金提供者に対する説明責任を確かなものとするうえで大切である。

6.10.4 パフォーマンス指標

信頼に足るパフォーマンス（活動実績）情報が利用できれば，それは図書館サービスの能率，効果および質の評価（パフォーマンス測定）とそれらの改善のために必要な手段となる。資源，職員，サービス，貸出，さまざまな行事などに関する統計は，計画策定のためのデータを提供し，説明責任を果たすうえで役に立ち，経営管理にかかわる意思決定を支援する。それらの指標は最新のものが維持されなければならない。

以下の主要なパフォーマンス指標は，その図書館の諸目標の達成度を評価し，観察するために用いることができる。

利用指標
- 人口一人あたりの貸出冊数
- 人口一人あたりの来館回数
- 人口に対する登録者の割合
- 資料1点あたりの貸出回数，すなわち資料回転率
- 人口一人あたりの（伝統的）レファレンスと電子レファレンスの質問数
- 開館時の1時間あたり貸出冊数
- 電子的サービスおよびその他の非印刷資料へのアクセス回数
- ウェブサイトの閲覧
- たとえば印刷と非印刷資料を対比する，比較するデータ
- ダウンロードされた資料，たとえばポッドキャスト
- 集会室の予約
- 登録利用者と積極的な登録利用者の割合
- 予約される資料の件数とその予約が所蔵資料で充足される割合

資源指標
- 人口一人あたりの蔵書量
- 人口一人あたりのオンライン利用者用目録（OPAC）コンピュータの提供台数

人的資源指標
- 人口に対するフルタイム換算の職員数の割合
- 人口に対する専門職員の割合
- すべての図書館利用指標に関するフルタイム換算の職員数の割合

図書館サービスの質的指標
- 利用者満足度調査
- 利用者が満足したレファレンス質問の割合

費用指標
- 機能，サービス，実際的活動それぞれについての単位費用
- それぞれの機能ごとの人件費，たとえば図書の整理，図書館行事など
- 人口一人あたり，登録利用者一人あたり，来館者一人あたり，サービスポイント1か所あたりなどの総費用

比較指標
- 国際的，国内的，地域的に見て，類似の性格をもち，同じレベルのほかの図書館を選び，それと並べて比較できる統計データ

　図書館サービスに関するインプットとアウトプットについての統計の収集と分析に加えて，対象とする集団の図書館利用を含む市場調査と地域社会調査を実施することにより，潜在的利用者住民についてこれまで明らかにされてこなかったニーズを明らかにしなければならない。
　信頼できる人口統計が利用できない場合には，確実性のあるパフォーマンス指標の作成はかなり困難なものとなる。図書館利用のパフォーマンス指標については，推定人口や，利用者と来館者の統計を用いた費用の比較，および類似の特徴をもつ他の図書館の指標との比較検討を通じて構成することができる。

6.10.5　パフォーマンスの測定

　パフォーマンスの測定は，ここ数年間，公共図書館で行われてきた。パフォーマンスの測定法ないしパフォーマンス指標は，図書館へのインプットとアウトプットを測定するために生み出されたものである。インプットとは図書館サービス全体または特定のサービスを行うために投入される資源であり，アウトプットとは図書館が実施した活動の結果，生み出されたものである。たとえば，利用者の質問に答えるサービスを提供するには，インプットとして，職員，資料，設備・備品，スペースを必要とする。アウトプットは，受け付けた質問数，利用者を満足させた回答数，関係資源を利用した程度と，たとえば本来のサー

ビスから派生する予約サービスなど，結果的に他のサービスの利用につながった場合などである。こうした測定方法が確立していれば，その図書館のサービスがよい方向に向かっているかどうかを毎年比較し，確認することができる。

　ここ数年，多くの図書館で付加的な測定が基準となってきた。それはアウトカム（成果）の測定である。アウトカムの測定は，確定された利用者地域住民の満足不満の程度の変化（あるいは変化のないこと）の測定である。たとえば，ある図書館は，学校の児童生徒に対して宿題支援や個人指導サービスを提供している。インプット測定には，利用できる本あるいは指導にあたる人たちの講数が含まれるであろうし，アウトプット測定には指導に要した時間あるいは貸出された本が計られることになり，アウトカム測定では児童生徒の学校の成績の向上の程度あるいは児童生徒自身の知識の増加の認識によって確認される。

　コンピュータ技術の進歩によって，パフォーマンス測定がこれまでよりも単純な作業となり，洗練された図書館利用モデルが確立され，図書館サービスの開発に利用できるようになっている。パフォーマンス測定は，一定期間以上，一貫して計画的に実施される手続きでなければならない。

　図書館サービスで成功をおさめるために有益な指標を得るいまひとつの方法は，主要なインプットとアウトプットの測定結果を同じ程度の規模と類似の特徴をもつ他の公共図書館と比較することである。この手法は一般にベンチマーク法として知られ，内部で実施されるパフォーマンス測定に対する補助的手法として役立つものである。

注
※ 'グリーンライブラリー'という概念は，1990年代初頭から唱えられるようになり，現在では国際図書館連盟などでも広く用いられるようになっている。さまざまな側面で環境を配慮した，環境負荷を最小限に抑えた図書館のあり方を追求したものをいう。たとえば，岩見祥男「動向レビュー：米国および日本におけるグリーンライブラリーの事例紹介」『カレントアウェアネス』No.316（2013年6月20日）〈http://current.ndl.go.jp/ca1797〉を参照。

参考文献

Brophy, P. (2006). *Measuring Library Performance: Principles and Techniques*. London: Facet.

Bryan, C. (2007). *Managing Facilities for Results: Optimizing Space for Services*. Chicago: American Library Association.

Chicago Public Library, Chicago Public Library Foundation, Board Steering Committee, and Boston Consulting Group. (n.d.). *Chicago Public Library 2010: A Vision for Our Future*. (http://www.chipublib.org/dir_documents/cpl2010.pdf. accessed 1/01/2010). (リンク切れ？)

Dowlin, K. (2009). *Getting the Money: How to Succeed in Fundraising for Public and Nonprofit Libraries*. Westport, CT: Libraries Unlimited.

Elliott, D. S., Holt, G.E., Hayden, S.W., and Holt, L.E. (2007). *Measuring Your Library's Value: How to Do a Cost-Benefit Analysis for Your Public Library*. Chicago: American Library Association.

Herring, M. (2004). *Raising Funds with Friends Groups*. New York: Neal Schuman.

Hughes, K. M. (2009). *The PLA Reader for Public Library Directors and Managers*. New York: Neal-Schuman.

IFLA. (n.d.) *Professional Codes of Ethics for Librarians*. (http://www.ifla.org/en/faife/professional-codes-of-ethics-for-librarians accessed 1/01/2010).

Institute of Museum and Library Services (n.d.) Public Library Data Files. (http://harvester.census.gov/imls/data/pls/index.asp accessed 3/15/2010.)

Landau, H. B. (2008). *The Small Public Library Survival Guide*. Chicago: American Library Association.

Matthews, J. R. (2008). *Scorecard for Results: A Guide for Developing a Library Balanced Scorecard*. Westport, CT: Libraries Unlimited.

Nelson, S. S. (2009). *Implementing for Results: Your Strategic Plan in Action*. Chicago: American Library Association.

Rubin, R. J. (2006). *Demonstrating for Results: Using Outcome Measurement in Your Library*. Chicago: American Library Association.

United States Environmental Protection Agency. (n.d.). *Why Build Green?* (http://www.epa.gov/greenbuilding/pubs/whybuild.htm accessed 1/01/2010).

7 公共図書館のマーケティング

7.1 はじめに

マーケティングは,広告,販売,説得あるいは販売促進を大きく上回るものである。マーケティングは,利用者のニーズや要望に応えるようにサービスや成果を仕組もうとするときにとられる,経験的に効果が期待でき真に組織的なアプローチで,利用者の満足を目標とするものである。

7.2 マーケティングの道具

マーケティングの機能は,すべての業務,すなわちここでは図書館運営であるが,それを成功に導く推進力であり,それは4つの主要な道具で構成される。そこには,1)市場調査,2)市場細分化,3)マーケティングミックス戦略(いわゆる'4P'と呼ばれるもので,製品,価格,流通および販売促進による考え方),および4)市場評価が含まれる。図書館の管理者たちは,利用者のニーズを確認し,理解するためにこれらのマーケティングの道具を利用することができるし,利用者のニーズを効果的に満たすよう計画することが可能になる。

7.2.1 市場調査

市場調査は,当該図書館のマーケットに関するすべての事柄を発見する計画作成手続きである。あるひとつのマーケット,ないしはその理想的な潜在的市場は,ある特定の商品もしくはサービスに対してなんらかの関心を寄せているか,あるいは興味をもつことが期待できるすべての人たちによって構成される。当該図書館の内部で保有する記録には,利用者に関する地理的な居住場所だけでなく,年齢や性別,および貸出された読書材の種類などを提供しうる貸出デ

ータを含む，現実の利用者たちについての貴重なマーケット情報を含んでいる。そのほかの利用データとして，参考質問の数や種類，および実行されたオンライン検索と検索対象となった分野も含みうる。地域社会全体についてのマーケット調査は，潜在的な利用者の人口動態，公衆衛生の動向，性道徳，娯楽やスポーツなどにかかわるが，これらのすべては図書館の利用圏域に居住する人たちに関する情報，教育上や娯楽で求められるものを評価する際に重要である。この情報は，諸々のサービスや資料そして事務事業の展開に資する図書館所蔵コレクションの充実にとって必須不可欠ではないとしても，有用なものである。図書館の管理職たちは，利用者データの法的諸側面についても認識しておかなければならない。

▶オハイオ図書館評議会〈http://www.olc.org/marketing/index.html〉は，標題のつけられた概要，計画立案，効果，プロモーション，インターネット，オハイオという6つの異なる要素を提供している。

▶ウェブジャンクション（Webjunction）〈http://www.webjunction.org/marketing〉は，図書館情報専門職のためのマーケティングに関連するトピックについての専門的知識を提供するオンライン資源である。

▶アメリカのウェブサイトである'ノースサバーバンライブラリー'〈https://www.northsuburbanlibrary.org/〉は，すべての図書館が一般的に利用できるマーケティングに関して書かれた論文を含んでいる。そこには，ポッドキャスト，マーケティング計画のいくつかの事例，および関係ツール一式があげられている。

▶アメリカ公共図書館地理データベースは，インターネット上で，アメリカ全体の公共図書館の位置や利用者に関するデータを地図で無償で提供している。〈http://geolib.org/PLGDB.cfm〉

7.2.2 市場細分化

マーケティング調査の第二段階で基本的に必ず用いられる市場調査ツールが，細分化という手法である。市場を細分化し，共通する類似の要望とニーズをもつ，ひとつの潜在的な利用者のグループを得る。市場細分化は市場が不等質で雑多な層から構成されるという事実にもとづいている。関係資源を効率的に配分し，サービスを効果的に提供するために，図書館管理職の人たちは多様な小市場を定義し，理解することが絶対に必要である。

図書館利用者については，さまざまな方法・手順で小市場に細分化できる。たとえば，資料種別とそれにともなうサービスによれば，もっぱら小説を利用する人たち，お話会への参加者，家系探索に熱心な人たち，もっぱらオンラインを利用する人たちなどに細分化できる。あるいは，年齢層によって細分すれば，ヤングアダルト，少年，成人，高齢者のように分けられる。それらと対照的に，大学（図書館）では，知識修得の程度，すなわち学年進行によって，1年生，2年生，3年生，4年生，大学院生，あるいは学部構成教員，事務スタッフ，もしくは地元地域社会のメンバーのように細分化される。

民間企業においては，かなり昔から，すべての顧客を同様に取り扱うことで一定の利益が得られることが知られている。しかし，民間企業は，特定市場内部の顧客の相違を無視し，大衆を想定して仕組まれた商品やサービスを提供すれば，その結果は誰もが自分が望み必要としたものを事実上得られないということになりかねないこともまた学び取ってきた。

7.2.3 マーケティングミックス戦略

（図書館を含む）多くの組織は限られた資源しか提供できず，したがって，結果的にそれらの資源を一定の用途に指定し，配分せざるを得ない。たとえば，レファレンスサービスは，当該図書館の目的と目標を支持しなければならない。しかしまた，レファレンスサービスの提供にあたっては，当該図書館のホームページにアクセスしてきたり，電話をしてきたり，また徒歩でやってくるすべての個々の利用者のニーズを満足させなければならない（またそのように努めな

ければならない)。したがって，ここで述べる，資料とサービスと事務事業についての多様な市場の細分化を図るマーケティング調査にもとづく，商品，価格，流通，および販売促進という，いわゆる‘4P’を開発する，マーケティングモデルの第三段階は，そこで得られる限られた資金を効率的および効果的に活用しようとする図書館を支援することになる。このマーケティングミックスはマーケティングモデルでもっとも目につく部分であるけれども，それだけが一番重要だというわけではない。

　ライブラリアンは，歴史的にも，マーケティングミックスにおけるプロモーションの部門に大きくかかわってきた。プロモーションは，時にフィードバックをあてにする双方向のコミュニケーションである広報活動と混同されてきた。プロモーションというのは，当該図書館がいま何をやろうとしているのか，およびそれがどのようなものかということを，わかりやすくはっきりと伝えることにほかならない。一般的には，どの細分化された部分へのサービスに優先順位をつけるかを考えるときに，価格（利用者にかかる経費の合計），場所（すなわち図書館にとっては分館やホームページにあたる），および商品（図書，コンピュータによる情報アクセス，ライブラリアンによる支援），およびその他諸々のサービスを含む，マーケティングミックス戦略の残りの部分には，あからさまに意識した配慮が払われることはほとんどない。

▶LibraryJournal.com というホームページには，‘バブルルーム’（Bubble Room）というコーナーがある。
　〈http://lj.libraryjournal.com/search-results/?q=bubble%20room〉は，図書館のマーケティングに焦点をあてたさまざまなタイムリーなマーケティングに関して書かれた多くの記事へのリンクを提供している。

▶KnowThis.com の無償の「マーケティングの諸原則」（Principles of Marketing）という手引書シリーズは，対象とされる組織の規模や業種，地理的な立地がどのようなものであれ，多くの市場の状況に共通する，主要な諸概念と諸機能に焦点

をあわせている。

⟨http://www.knowthis.com/principles-of-marketing-tutorials/⟩

▶アメリカマーケティング協会（AMA）⟨http://www.marketingpower.com⟩は，AMAの刊行物，記事論文，ウェブキャスト，ポッドキャスト，ディレクトリ，および雑誌を掲げている。このサイトでは，トピック，語句，日付，著者，または出典によって検索できる。AMAの主要な目的のひとつが将来の市場活動の専門家（マーケッター）を教育，訓練することなので，これらの情報の多くは無償で，オンライン利用できる。

▶The "M" Wordというマーケティングライブラリーは，ナンシー・ダウド（Nancy Dowd）とキャシー・デンプシー（Kathy Dempsey）によってはじめられた。⟨http://themwordblog.blogspot.com/index.html⟩
このブログはライブラリアンたちに対して，自分たちのはたらいている図書館を最大限うまく売り込む方法を理解させようとするものであり，そしてこのブログは定期的に更新され，図書館に特有の諸側面を売り込むヒントに注目した話題や情報が提供される。

▶「ライブラリアンのための図書館売込みスローガン」（Marketing-mantra-for-librarians）というブログはインドのディネシュ・グプタ（Dinesh Gupta）によってはじめられたもので，図書館のマーケティング（売込み）と利用者目線のサービスについての助言とコツを提供している。

⟨http://marketing-mantra-for-librarians.blogspot.com/⟩

7.2.4　プロモーション（販売促進）計画

　図書館に対してマーケティング戦略を達成することができるようにするには，一貫した販売促進の計画が開発されなければならない。そこには以下の諸項目をあげることができる。

- 印刷物，電子通信メディアを積極的に利用すること。

- 関連するウェブサイトにリンクを張ったり，関係するポータルサイトからリンクを張ってもらったりすること。
- 図書館のホームページ，ポッドキャストやRSSを上手に利用し，充実させること。
- Facebook，Twitter，YouTubeのようなソーシャルメディアを利用すること。
- 定期的に刊行物を出すほか，情報資源一覧やパンフレットを作成すること。
- 特定のテーマや資料を用いて展示や陳列を行うこと。
- 図書館の内部と外部に効果的な案内標識を設置すること。
- 慈善目的などの図書販売会を実施すること。
- '図書館の友' を組織・育成すること。
- 毎年の '図書館週間' 行事やそのほかの他と共同して行うプロモーション活動を実施すること。
- 特別の意味を付与された年を祝う事業や周年事業を実施すること。
- 資金調達のための活動やキャンペーンを展開すること。
- 公開講演会の実施や地元地域社会で活動する諸団体と協力すること。
- 読書や識字に関するキャンペーンを行うこと。
- 身体や感覚に障害をもつ人たちのニーズを満足させるべくキャンペーンを企画すること。
- 電話帳ほかその他の地元地域社会のディレクトリに図書館施設一覧を掲載すること。
- インターネット上で地元地域社会内部のその他の諸機関のウェブページやウェブ上のディレクトリに対してリンクを張ること。
- たとえば，当該図書館の沿革や地元地域社会の歴史などに関する特別な出版物を図書館が刊行すること。
- 公共団体や地方自治体のために特別報告書を企画すること。

ここにあげた一覧は網羅的なものではなく，地域固有の事情や特定のメディアを利用する利用者層の存在に応じてその他の事項も付け加えることができる。

7.2.5 市場評価

　市場評価には，2つの主要な方法がある。ひとつは，顧客の行動（たとえば，どれくらい多くの人がインターネットを利用してレファレンスサービスを受けようとしたのか，1日のうちどのような時間にもっともよく質問を受けるのか，どのような主題分野がもっとも多く質問されるのか）を対象として評価するやり方である。もうひとつのやり方は，顧客の満足度（すなわち，いかにうまく顧客のニーズに見合ったサービスを提供するか，顧客がどのような利益を受け取れるか，顧客がどの程度そのサービスをふたたび利用しそうかどうか）を計ろうとするものである。後続の過程は個人的なインタビュー，オンラインや印刷物を用いての調査，対象者を選別したフォーカスグループの検討，およびその他の方法によって収集されたデータをもとに顧客の行為，あるいは顧客の満足度の測定ということが得られるけれども，いずれの場合も，最初の過程は組織内部に保有する顧客データの収集が必要とされる。

▶アメリカ合衆国のイリノイ大学アーバナシャンペーンキャンパスの図書館情報学大学院が後援しているウェブサイトは，記事論文，書籍，市場戦略，および多様な構成の住民全体とのもっとも上手なコミュニケーションのしかたについての事例を提供している。このウェブサイトにアクセスした人たちはもっともすぐれた図書館でのマーケティングの諸事例を取り上げているインターネット上の諸資源が利用可能である。〈http://clips.lis.uiuc.edu/2003_09.html〉

7.3　マーケティングとコミュニケーションに関する基本方針

　図書館は，計画をたて，公衆に対して平等に行事を実施することが可能になるよう，マーケティング調査をし，事業を推進するための基本方針を記した文書を作成すべきである。その基本方針には，法的諸要因，メディアの相互作用に対する定められた責任，技術的な障害と可能性，文書および口頭での適切な

伝達方法，そして図書館の使命を果たすマーケティング調査とコミュニケーションの全体にかかわる諸々の戦略のすべてに対する検討が含まれなければならない。

▶図書館は，利用者を引きつけるソーシャルメディアにアクセスし，必ず特定の方針と手続きを定めている。これらの諸方針の例が次のサイトに示されている。
〈http://www.schoollibraryjournal.com/article/CA6699104.html〉

7.4 宣伝広告活動

　宣伝広告活動（PR）は，図書館とその地元地域社会との間の情報の流れを管理しようとする実践にほかならない。宣伝広告活動を通じて，直接の対価を求めない関心を引く話題とニュースを提供しながら，図書館は地元地域社会と利用者マーケットにつながることができる。効果的なPRには，メディアではたらく人たちと地域社会の団体やリーダーとの間の良好な関係が含まれる。

▶YouTubeから選択されたCanalBibは，図書館のPRと図書館利用者に関係するビデオを提供している。〈http://www.youtube.com/user/canalbib〉
▶スペインでは，'Nascuts per llegir'（生まれながらの読書）入門は，親と子の本と図書館に対する愛着を強化することによって，0歳児から3歳児への図書館サービスを紹介している。その入門サイトは，家族の間の読書活動を推進しようとして，専門職カタロニア協会によって開発された。〈http://nascutsperllegir.org〉

7.4.1　メディアを利用する活動

　図書館職員は，図書館サービスを推進し，メディアの問い合わせに応えるた

めにコミュニケーションメディアを活用する訓練を受けるべきである。彼らは，地元新聞のために記事を書くことができ，プレスリリースを作成することができなければならない。彼らはラジオやテレビに話し，インタビューを受けるテクニックを身につけるべきである。また，彼らは，図書館のウェブサイトの開設と図書館のブログ，ポッドキャスト，RSSフィードやソーシャルメディアを含む，コンピュータと電気通信ネットワークを利用し，図書館とそのサービスを推進できなければならない。

7.4.2　地元地域社会に対する支援

図書館の管理職は，確実に地元地域社会の人たちに対して，図書館サービスの重要性を認識してもらうよう努力しなければならない。地方自治体，地方および全国レベルの資金支援団体に対して，図書館が地元地域社会に占め，地元地域社会の発展を支えている重要な施設であることを十分に理解させなければならない。

7.4.3　地元地域社会からの支援の獲得

図書館は，地元地域社会からの支援を増強するために，合意された方針を作成し，継続的な事務事業を実施しなければならない。そこには，以下のものが含まれうる。

- 資金調達の便宜と一般的な援助を得るために，'図書館友の会'（friends of the library）組織を育てること。
- 図書館建物の新築や新規サービスの実施などの大きな事業の開始を支援してくれる地域社会のリーダーたちと協働すること。
- 所蔵コレクションの構成部分を充実させたり，または特定のサービスを強化するために，地元の諸団体と連携すること。
- 図書館とその発展のために積極的に発言したいと望んでいる諸団体と協働すること。

- 図書館職員が多様で価値ある図書館サービスについての理解を深めることを目的とする諸活動に参加すること。

また，地元地域社会から図書館に与えられる支援は，図書館が提供することを約束してきた諸々のサービスを図書館が提供できるかどうかにかかっている。

7.4.4 図書館の利益の主張

図書館は，図書館サービスに対する公衆の支援を得て，当該図書館の役割を画定する文書に書かれた諸方針を作成し，公的に承認を受けておかなければならない。

そのことを十分に認識している公衆は公共図書館のサービスに対して価値ある支援を与え，地元地域社会のなかで積極的に図書館振興に寄与するはずである。人々に図書館とそのサービスについて積極的に語らせることは，もっとも効果的なマーケティング手法のひとつである。ロビイングは，立法，政策あるいは予算の作成過程において，適切な段階で一定の目標の実現にむけて，政策決定にあたる人たちとの交渉を含む。

7.4.5 管理機関への働きかけ

図書館の管理職は，少なくとも年に1回は，当該図書館の主要な管理・資金調達機関と会合をもち，図書館サービス，振興計画，および達成した業績と障害について検討しなければならない。ライブラリアンたちは，自分たちのはたらく図書館の主要な諸活動に管理機関を関与させるよう，できるだけ多くの機会を探すべきである。新図書館の開館，あるサービスの開始，利用者向けのインターネット接続機器の導入，新しい資料コレクションの提供開始，および資金獲得運動の開始などのイベントは，この目的のための格好の機会として利用できる。

7.4.6 地元地域の社会生活への参加

もっとも効果的な図書館振興にかかわる戦略のひとつは，図書館業務に精通した図書館職員や図書館委員会（管理機関）のメンバーたちが地元地域社会での諸活動に参加することである。たとえば，以下のようなものがあげられる。

- ラジオやテレビの番組に出演し，書評を論じたり（図書館の）活動を反省したりすること。
- 成人向きの書物や児童書に関心をもつ団体や文化的組織と協働すること。
- 新聞のコラム記事を執筆すること。
- 識字を推進する組織や運動を支援すること。
- 地元地域社会に存在する諸々の組織に参加すること。
- 地元の学校を基盤とする新しい試みを支援すること。
- 地元の歴史や家系に関する研究会に参加すること。
- たとえば，国際ロータリー（Rotary International）のような社会奉仕の組織の会員になること。
- 図書館サービスを推進するために，地元に存在する諸々の組織を訪問すること。

参考文献

12manage. (n.d.) *12manage: The executive fast track*.
(http://www.12manage.com/management_views.asp accessed 1/01/2010).
Dempsey, K. (2009). *The accidental library marketer*. Medford, NJ: Information Today.
Dowd, N; Evangeliste, M; and Silberman, J. (2009). *Bite-sized marketing: realistic solutions for the overworked librarian*. Chicago: ALA Editions.
Fisher, P. H., Pride, M. M., and Miller, E.G. (2006). *Blueprint for your library marketing plan: A guide to help you survive and thrive*. Chicago: American Library Association.
Flaten, T. (2006). *Management, marketing and promotion of library services based on statistics, analyses and evaluation*. Munich: K.G. Saur.
Gupta, D. (2006). *Marketing library and information services: International perspectives*. Munich: K.G. Saur.

Gupta, D. (n.d.). *Marketing-mantra-for-librarians: Library marketing: Imperative to userfocused services in your library.*
(http://marketing-mantra-for-librarians.blogspot.com/ accessed 1/01/2010).

Kendrick, T. (2006). *Developing strategic marketing plans that really work: A toolkit for public libraries.* London: Facet.

Koontz, C.M. (2002-2009). *Customer-based marketing columns.* Medford, NJ: Information Today. Some issues are online
(http://www.infotoday.com/MLS/default.shtml accessed 3/27/2010).

Koontz, C.M. (2001). *Glossary of marketing definitions: IFLA Section on Management and Marketing.*
(http://archive.ifla.org/VII/s34/pubs/glossary.htm> accessed 3/9/2010.)

Kujawski, M. (2008). *What would happen if the STOP sign was invented in 2008? Public Sector Marketing 2.0.*
(http://www.mikekujawski.ca/2008/12/17/what-would-happen-if-the-stop-sign-was-invented-in-2008/ accessed 1/01/2010).

Lake, Laura. (2009). *Understanding the Role of Social Media in Marketing.*
(http://marketing.about.com/od/strategytutorials/a/socialmediamktg.htm accessed 3/15/2009).

Online Computer Library Center, Inc. (OCLC). (2005). *Perceptions of Libraries and Information Resources.*
(http://www.oclc.org/reports/2005perceptions.htm accessed 1/01/2010).

Savard, R. (2000). *Adapting marketing to libraries in a changing and world-wide environment.* Munich: K.G. Saur.

Wolfe, L. A. (2005). *Library public relations, promotions, communications: A how to do it manual.* New York: Neal Schuman Publishers.

Woodward, J. (2005). *Creating the customer-driven library: Building on the bookstore model.* Chicago: American Library Association.

Wymer. W. (2006). *Nonprofit marketing: Marketing management for charitable and nongovernmental organizations.* Thousand Oaks, CA.: Sage Publications, Inc.

付録1

国際図書館連盟／ユネスコ公共図書館宣言

知識に通じる扉

　自由，繁栄，ならびに社会と個人の発展は，根本的に人間にとって大切な価値である。それらは，教養を身につけた市民がその民主主義的な諸権利を行使できる能力を備え，社会において積極的な役割を演じることができてはじめて達成される。建設的な市民参加と民主主義の発展は，知識，思想，文化，および情報に対して自由で無償，無制限にアクセスできることとあわせて，満足のゆく教育にかかっている。

　公共図書館は地域社会に存在する知識に通じる扉であって，個人と社会的集団が生涯学習を展開し，主体的に意思決定を行い，そして文化的発展を実現するために必要な基本的条件のひとつを提供する。

　この宣言は，公共図書館が教育，文化，および情報の普及の原動力であり，また男性と女性，すべての人々の理性を通じて平和と精神的な繁栄を促進する必須の公共的機関でもある，というユネスコ（国際連合教育科学文化機関）の信念を明らかにするものである。

　そのような理由から，ユネスコは，各国の中央政府と地方政府に対し，公共図書館の整備充実を支援し，積極的に取り組むよう勧告する。

公共図書館

　公共図書館は，その利用者にとって，あらゆる種類の知識と情報を容易に利用できる地域社会の情報センターである。

　公共図書館が提供する種々のサービスは，年齢，人種，性別，信仰，国籍，言語，または社会的地位のいかんを問わず，すべての人々に対して平等なアクセスを保障するという基本的原理にしたがって提供されるものである。たとえ

ば言語的に少数派に属する人々，心身に障害をもつ人々，あるいは病院または刑務所に収容されている人々など，どのような理由があるにせよ，通常の図書館サービスや資料を利用することできない利用者に対しては，特別なサービスおよび資料が提供されなければならない。

　すべての年齢層の利用者が，みずからのニーズに見合った資料を見つけ出すことができなければならない。公共図書館が擁する資料コレクションと提供するサービスには，伝統的な資料とともに，あらゆる種類の適切な情報メディアと現代の技術が備えられていなければならない。地域社会のニーズと状況に見合った質の高さと適切さが基本的要件である。公共図書館の資料は，人類の努力と想像力の記憶とあわせて，現在の動向と社会の発展状況を反映したものでなければならない。

　資料コレクションとサービスは，いかなる種類のイデオロギー的，政治的，もしくは宗教的検閲にも，また営利的圧力にも屈することは許されない。

公共図書館が果たすべき任務

　公共図書館は，種々の任務を帯びている。以下に掲げる情報，識字，教育および文化に関連する主要な任務は，当然，公共図書館が提供するサービスの中でも中核に位置づけられるべきものである。

1　少年期の早い時期から読書習慣を身につけさせ，それを強化すること。
2　すべての段階における正規の教育とともに，個人的および独力で行われる教育についても対象とし，支援を与えること。
3　個人の独自性にあふれた成長を援助する機会を提供すること。
4　子どもたちや若い人たちの想像力と創造力を刺激すること。
5　文化遺産に対する認識，芸術，科学における業績と革新への理解を促進すること。
6　あらゆる芸術作品の文化的な表現に接する機会を提供すること。
7　異文化間の対話を奨励し，文化的多様性を促進すること。
8　地域社会に残る言い伝えの保存に努めること。

9 市民があらゆる種類の地域社会に関する情報にアクセスできるようにすること。
 10 地域の企業，団体および利益集団に対して，適切な情報サービスを提供すること。
 11 情報とコンピュータ・リテラシーにかかわる技術の習得を援助すること。
 12 あらゆる年齢層の文学的活動や催しを支援し，それに参加したり，必要な場合には，そのような活動をはじめること。

資金調達，立法，およびネットワーク

　公共図書館は原則として，無料でなければならない。公共図書館については，地方と国の政府が責務を負う。公共図書館は，特定の法律によって維持され，地方と国の政府により資金が供給されなければならない。公共図書館は，文化，情報提供，識字および教育に関するあらゆる長期戦略に関する必須の構成要素でなければならない。

　全国的な図書館の調整と協力を確保するために，法律と戦略的計画によって，合意されたサービス基準に依拠した全国的な図書館ネットワークを明確に定め，それを推進しなければならない。

　公共図書館のネットワークは，学校図書館と大学図書館ばかりでなく，国立図書館，地域図書館，研究図書館および専門図書館とも関係づけて構想されなければならない。

運営と管理

　地域社会のニーズを踏まえて，目標，事業の優先順位およびサービスを定めた明確な基本方針が作成されなければならない。公共図書館は効果的に組織され，専門的な運営基準が維持されなければならない。

　関係者，たとえば利用者グループおよび地方，地域，全国，さらには国際的なレベルの専門職の人々との協力関係が確保されなければならない。

　図書館サービスは，地域社会のすべての構成員にとって，物理的にアクセス

可能なものでなければならない。そのためには，適切な技術および利用者にとって都合のよい開館時間だけでなく，好立地の建物，十分な読書・学習用の設備・備品が必要である。同様に図書館に来館できない人々に対するアウトリーチ・サービスの提供も必要である。

　図書館サービスは，都市部と農村部で異なる地域社会のニーズに見合うものでなくてはならない。

　ライブラリアンは，利用者と各種情報資源との積極的な仲介者である。ライブラリアンの専門教育と継続教育は，適切な図書館サービスを確保するうえで，絶対に必要なものである。

　アウトリーチ・サービスと図書館利用者教育は，利用者がすべての情報資源から便益を得るよう援助するために提供されるべきである。

この宣言の実施

　世界中の全国および地方レベルで，そして図書館界全体において意思決定を行う人々は，この宣言に表現された諸原則を実施するよう努力しなければならない。

　この宣言は，（ユネスコが）国際図書館連盟（IFLA）と協力して作成するものである。

　この宣言は，国際図書館連盟のホームページにアクセスすれば，20以上の言語で見ることができる（http://www.ifla.org/VII/s8/unesco/manif.htm）。

付録2

フィンランド図書館法（1998年法律904号）

1998年12月4日ヘルシンキにおいて公布され，
議会の決定にしたがって，以下の通り制定される。

第1章　目　的

1. 本法は，地方公共団体の公共図書館および全国・地方の両レベルが提供する図書館情報サービスの推進について定める。
2. 公共図書館によって提供される図書館情報サービスの目的は，市民社会において，自分自身の教養を高め，文学的な楽しみと文化的追究を享受し，知識や個人の技能や市民としての能力の継続的向上をめざし，国際化に対応し，また生涯学習を実践するうえでの，機会の均等を促進することである。

　また，図書館が展開する諸活動は，仮想的かつ双方向的なネットワーク・サービスの発展，およびそのサービスにかかる教育的，文化的コンテンツの充実を促進することを目指している。

第2章　図書館情報サービスの提供

3. 地方公共団体は，本法で定める図書館情報サービスを提供する責任を負うものとする。

　地方公共団体は，それぞれ独立して，あるいは部分的もしくは全体的に他の地方公共団体と共同して，ないしはその他の方法によって，図書館情報サービスを提供することができる。地方公共団体は，本法に定められているサービスの提供に対して責任を負う。

　図書館利用者は，図書館情報専門職に対して，また継続的に更新される図書館資料および設備に対して，アクセスすることができるものとする。

二つの言語が使用されている地方公共団体においては，両方の言語を利用しているグループのニーズが平等に考慮されるものとする。

サアミの本拠地域に属する地方公共団体においては，サアミ語とフィンランド語の両方の言語集団のニーズを平等に考慮するものとする。

第3章　図書館情報サービス・ネットワーク

4. 公共図書館は，国内および国際的な図書館情報サービス・ネットワークの一部として，他の公共図書館，研究図書館，教育機関に付設された図書館と協力して，運営されるものとする。

公共図書館を支援する中核図書館，および地域図書館としての役割を担っている図書館は，公共図書館が提供するサービスを補完する。

公共図書館を支援する中核図書館は，当該地方公共団体の同意を得て，主務行政官庁によって指定された地方公共団体が運営する公共図書館である。その任務の範囲は国全体に及ぶものとする。

地域図書館は，当該地方公共団体の同意を得て，主務行政官庁によって指定された地方公共団体が運営する公共図書館である。その任務の範囲は主務行政官庁が定めるものとする。

中核図書館および地域図書館の職務は，別に法令によって定めるものとする。主務行政官庁は，当該地方公共団体との協議の後に，中核図書館または地域図書館の指定を取り消すことができる。

第4章　図書館サービスの無料制

5. 図書館が所蔵する蔵書の館内での利用および当該図書館から貸出を受けた資料の利用は，無料でなければならない。

中核図書館および地域図書館による公共図書館への図書館間相互貸借は，無料でなければならない。

その他の図書館の事務処理については，地方公共団体は当該事務処理に要した実費を上限として料金を課し得る。

特別の理由がある場合に限り，別の方法では実費がかかるものと決定される料金については，その実費を超えることが許される。

第5章　評　価

6. 地方公共団体は，その提供する図書館情報サービスを評価するものとする。

評価の目的は，図書館情報サービスへのアクセスを改善すること，およびその発展を促進することである。評価を行い，図書館情報サービスの実施状況と当該サービスの質と費用対効果を監視すべきである。

各地方公共団体は，本条に定められた評価作業に参加する義務を負う。

全国レベルの評価の決定，および国際レベルの評価への国としての参加の決定は，主務行政官庁が行うものとし，主務行政官庁は州総務局とともに当該評価作業を実施するものとする。地方公共団体は，本項に定められた評価作業に寄与しなければならない。

評価結果の要点は，公表されなければならない。

第6章　州の図書館情報サービス行政

7. 主務行政官庁は，全国的な図書館情報サービス行政を行うものとする。州総務局は，地域の図書館情報サービス行政を行うものとする。州総務局の職務は，別に法令に定めるものとする。

第7章　雑　則

8. 図書館組織は，図書館情報サービスに関する資格を有する十分な数の職員，およびその他の職員を擁するものとする。

図書館職員の資格要件は，別に法令に定めるものとする。

特別な理由のある場合に限り，主務行政官庁は正規の資格要件とは異なる例外措置を認めることができる。

9. 地方公共団体は，教育的文化的設備に係る財政措置に関する法律（1998年法律635号）にもとづき，図書館運営に要する経費について，法に定められた

州政府補助金の交付を受けるものとする。

　地方公共団体は，教育的文化的設備に係る財政措置に関する法律にもとづき，図書館の建設および改修に要する経費について，政府補助金の交付を受けるものとする。また，バスもしくは船舶を移動図書館として購入する場合は，図書館の建設とみなすものとする。

10. 図書館は，図書館の利用および図書館利用者の権利義務に関する諸規定を含む図書館規則を公布することができる。図書館規則の違反に対しては，当該違反行為に見合う過料を課し得るものとする。
11. 本法の適用に関するさらに詳細な諸規定については，別に法令で定めるものとする。

フィンランド図書館令（1998年政令1078号）

1998年12月18日ヘルシンキにおいて公布される。

第1条　公共図書館を支援する中核図書館の職務

　公共図書館を支援する中核図書館は，以下の職務を行うものとする。
1. 全国レベルの図書館間相互貸借サービス・センターとしての役割を担うこと。
2. 公共図書館間，および公共図書館と科学図書館との間の図書館協力を推進すること。
3. 図書館情報サービスを組織するために必要とされる共通の手法や装置を開発すること。
4. 権限ある行政官庁により命じられたその他の職務を遂行すること。

第2条　地域図書館の職務

　地域図書館は，以下の職務を行うものとする。
1. 所管地域内の公共図書館に対して，情報提供サービスおよび図書館間相互貸借サービスを支援すること。

2. 固有の業務範囲に関連する情報提供サービスを開発すること。
3. 固有の業務に従事している人々に対して，新しい種類の図書館業務や図書館業務に関する開発プロジェクトについての研修を提供すること。
4. 権限ある行政官庁により命じられたその他の職務を遂行すること。

第3条　州総務局の職務

州総務局は，以下の職務を行うものとする。
1. 権限ある行政官庁と協力し，人々が必要とする図書館情報サービスを監視し，それを促進し，また当該サービスへのアクセス可能性とその質を評価すること。
2. 図書館情報サービスの分野における地域的，全国的，および国際的な開発プロジェクトを推進すること。
3. 権限ある行政官庁により命じられたその他の職務を遂行すること。

第4条　資格要件

図書館法（1998年法律904号）第8条第1項に定められた職員のうち少なくとも3分の2は，学士の学位または短期大学修了証もしくは職業的資格を有するものでなくてはならない。これには，大学または職業訓練機関において，図書館情報学の最低限20単位を修得した者を含む。

地方公共団体において，図書館情報サービスに関して責任を負う者に求められる資格は，より高度な大学で発給する学位をもつものでなければならない。これには，図書館情報学の最低限35単位を修得した者を含む。

第5条　法的効力の発生

本政令は，1999年1月1日に効力を発するものとする。

第4条第1項の定めは，本政令が効力を発するとき，図書館に勤務している職員には適用されないものとする。

本政令が効力を発するとき，欠員または採用決定されるにいたっていない官

職を補充するすべての手続きは，本政令が効力を発する以前に有効な資格要件にしたがうか，その趣旨を満たすものでなければならない。

　この政令が効力を発するに先立ち，その実施に必要な措置をとることができる。

第6条　職員に関する経過規定
　（省　略）

第7条　図書館情報学の単位取得に関する経過規定
　（省　略）

付録 3

利用者憲章

　多くの公共図書館でのサービスについては，利用者憲章が作成されている。以下の例は，イギリスのバッキンガムシャー州立図書館のものである。
http://www.backscc.gov.uk/bcc/libraries/customer_charter.page

バッキンガムシャー州立図書館
図書館サービスに関する利用者憲章

　わたしたちは，バッキンガムシャー州に住むすべての人々に対してすぐれた品質のサービスを享受してほしいと願っています。この憲章は，わたしたちが達成しようとしている諸基準を定めています。また，この憲章は，あなた方利用者がわたしたちの提供する図書館サービスを変えたい，あるいは改善したいと思えば，なにをすればよいのかについても教えてくれます。

来館を歓迎
- 図書館へのアクセスと利用は，すべての人々が自由に行えます。
- バッキンガムシャー州学習センターとバッキンガムシャー州立博物館は，ともに自由に無料で訪れることができます。
- 27の図書館と6台の自動車図書館から構成される一体的な図書館ネットワークは，地域の99％の世帯がそれらの図書館から1マイルのサービス圏域の内部に住んでいることを意味しています。そのいずれかの図書館から資料を借り，返却し，あるいは利用を延長することができます。
- 開館時間については，地元地域社会のニーズに適合するよう定めます。わたしたちはなにかを変えようとする場合には，それに先立ち，地元の人々に相談することにしています。

- わたしたちの提供する図書館サービスには，地元地域社会の文化的，言語的多様性を反映させます。
- わたしたちの図書館の建物，施設設備のすべてには，一定の傾斜がつけられているか，もしくは水平にアクセスでき，（難聴や加齢で聴力の低下した人たちに配慮した）ヒアリングループ（磁気誘導ループ）が設置されています。わたしたちは，障害をもった人々に対して，図書館サービスに十分にアクセスしやすくなるよう心がけています。図書館職員は，障害をもつ人々配慮するよう研修を受け，常に喜んで支援をいたします。
- 高齢，病気もしくは障害のために自分で来館できないすべての人々に対して，わたしたちは'在宅図書館サービス'を提供しています。

すぐれた品質のサービス
- あなたは，利用者保護の研修を受けた，図書館職員であることを示すバッチを身につけた親切で礼儀正しい職員によってサービスを提供されます。
- わたしたちの図書館利用者の98％は，待たされはじめて3分以内にサービスを提供されます。
- わたしたちの図書館では，求められた図書やその他の資料の50％を7日以内に，72％を15日以内に，そして85％を30日以内に提供します。

協議とフィードバック
- あなたの思いや意見がわたしたち図書館職員をサービスの改善に取り組む助けとなります。管理者に対して，直接その旨を述べることも，'利用者からの意見'という様式を利用してもけっこうですし，手紙（宛先は，バッキンガムシャー州アリスバーリー　州政府バッキンガムシャー州議会文化・学習部長 HP20 1UU），あるいはeメール（library@buckscc.gov.uk, museum@buckscc.gov.uk, archives@buckscc.gov.uk）でもかまいません。
- わたしたちは，公式のご意見を受け取れば，3労働日のうちにお返事をいたします。そして，10労働日以内に十分に検討したお返事をいたしますが，

さらなる調査が必要とされる場合には，結論を得るまでにどれくらいの時間がかかるかをお知らせいたします。
- わたしたちの利用者からの意見取扱い手続きは，管内のすべての図書館，州立博物館およびバッキンガムシャー州学習センターに掲示しています。
- わたしたちは，少なくとも隔年で，あらゆる図書館サービスを利用されている成人と子どもたちがどの程度満足されているかを調査検討し，その結果を公表いたします。

わたしたちの仕事ぶりがこの憲章に書かれた諸基準に違反しているとの疑いで検討される場合には，その結果が公表されます。さらに詳細な情報については，0845 2303232 に電話をされるか，もしくは library@buckscc.gov.uk に e メールをお願いします。

付録4

図書館建築に関する基準：
カナダのオンタリオ州とスペインのバルセロナ市

　公共図書館に関する一般的な定量的基準は存在しない。しかしながら，いくつかの国や地域でそのような基準が開発されてきた。図書館の建物を計画するときに有用だと思われる実例として，カナダのオンタリオ州とスペインのバルセロナ市で利用されている基準をここに付録として加えることにする。重要なことは，図書館に割り当てられる最終的な空間配分を決定するとき，あらゆる地域社会がもつ固有のニーズが根本的な要素であるということである。この付録に取り上げた事例は，「3.10　図書館の建物」のすべての部分とあわせて利用されるべきものである。図書館建築の計画立案者は，オートメーションが図書館サービスの諸形態に変化を与えてきたこと，図書館の意匠と規模は現在と将来の技術を考慮に入れなければならないことを心にとどめておくべきである。

オンタリオ州公共図書館ガイドライン（1997年）

　以下にあげる諸方式は，床面積の諸要件を決定するために，オンタリオ州の公共図書館で利用されているものである。

1. 一人あたりの平均床面積

　人口10万人未満の地域社会では，適切な基準は人口1,000人あたり56平方メートル（600平方フィート）である。

2. 主要な構成要素により決定される建物の規模

　①資料コレクション用の床面積：資料コレクション用の床面積は，1平方メートルあたり110冊（1平方フィートあたり10.8冊）という平均基準を用いて決定される。この基準は，広いノンフィクションの部分の書架と通路とともに，児童用やレファレンス・コレクションのような特別な部分の低書

架と比較的広い通路を見込んでいる．

資料コレクション用に必要な床面積＝
　　　　　　　110冊ごとに1平方メートル（10.8平方フィート）

②利用者用の床面積：図書館における利用者用の床面積についての無難な基準は，人口1,000人あたり利用者5人分である．この基準は，成人用と児童用の部分に配置される個人学習用の場所の確保のほか，利用者が気楽に座れる場所，レファレンス用のテーブル，視聴覚資料，市民用のインターネット接続端末の設置場所を見込んでいる．

利用者のスペースとして2.8平方メートル（30平方フィート）の床面積が妥当な基準といえる．

③職員用の床面積：職員数を決定するために推奨されている図書館の基準は，人口2,000人に対して職員1人とされている（5.6を参照）．職員用の床面積は，職員一人あたり16.3平方メートル（175平方フィート）という総体的な床面積単位を用いることによって決定できる．この数字には，ワークステーション，利用者サービス・デスク，貸出カウンター，ロッカー設備などが含まれている．

職員用に必要な床面積＝16.3平方メートル（175平方フィート）×　職員数＠人口2,000人あたり一人の職員

④多目的室：各図書館は，地域社会に対するサービスや事業の諸目的にもとづき，こうした部屋に床面積を配分しなければならない．

⑤用途を特定できない床面積：用途を特定できない床面積の中には，洗面所，

守衛室，機械室，エレベーター，階段などが含まれる。用途を特定できない床面積は，図書館が洗面所，機械まわりなどを他のテナントと共有できる複合施設の場合には，これを減じることができる。

用途を特定できない部分に必要な床面積＝
　　　　全床面積の 20 パーセント（すなわち，①〜④の総計の 20 パーセント）

⑥最低限の規模：独立した図書館の最低規模は，370 平方メートル（4,000 平方フィート）を下回ってはならない。

　複数の分館を擁する図書館組織の場合には，230 平方メートル（2,500 平方フィート）の床面積に蔵書 3,000 冊を超える 1,000 冊ごとに 14 平方メートル（150 平方フィート）を加えたものを下回ってはならない。

出典：「オンタリオ州公共図書館ガイドライン：中小規模および農村部図書館の整備のために」Sudbury, Ontario, Ontario Library Service North, 1997.

バルセロナ公共図書館基準 (1999年3月改訂)

	分館	公共図書館			中央図書館		県立図書館	
	都市の規模	都市の規模	都市の規模	都市の規模	都市の規模	都市の規模	都市の規模	都市の規模
人口規模	3,000-5,000	5,000-1万	1万-2万	2万-3万	3万-5万	5万以上	5万以下	5万以上
敷地・建物 (m²)								
公開エリア								
ロビー	15-15	15-30	30-40	40-60	60-110	110-150	60-110	110-150
多目的ホール	-50	50-60	60-80	80-100	100-150	150-200	100-150	150-200
一般エリア：貸出レファレンス	130-200	200-270	270-410	410-645	645-930	930-1450	580-930	930-1450
逐次刊行物、視聴覚資料	60-90	90-100	100-115	115-140	140-250	250-400	110-250	250-400
児童用エリア	60-90	90-120	120-160	160-225	225-300	300-360	180-300	300-360
スタッフ用エリア								
事務室	15-15	15-20	20-20	20-30	30-40	40-100	50-65	65-180
書庫	20-30	30-40	40-60	60-80	80-150	150-230	115-210	210-350
休憩室	-10	10-10	10-15	15-20	20-30	30-35	20-35	35-40
駐車場					0-40	40-75	75-150	150-170
特別行事用エリア サービス・エリア 廊下など トイレ	300-500	500-650	650-900	900-1300	1300-2000	2000-3000	1300-2200	2200-3300
) 建築総面積は特別行事用エリアに30%を加えたもの								
建築総面積	390-650	650-845	845-1170	1170-1690	1690-2600	2600-3900	1690-2860	2860-4290
設備 (座席数、家具・機器等の台数)								
閲覧・視聴覚・コンピュータ用設備								
一般エリア	20-30	30-40	40-60	60-85	85-115	115-145	50-115	115-145
児童用エリア	15-20	20-25	25-35	35-50	50-65	65-75	40-65	65-75
逐次刊行物：机付きのいす	2-4	4-4	4-6	6-10	10-15	15-20	6-15	15-20
ブラウジング用いす	6-8	8-10	10-10	10-15	15-20	20-25	10-20	20-25
視聴覚資料			8-12	12-16	16-20	20-25	16-20	20-25
パソコン（一般用）	4	6-8	8-10	10-14	14-18	18-27	14-18	18-27
パソコン（CD-ROM用）		1-2	2-2	2-4	4-5	5-9	5-6	6-9
多目的ホール	-35	35-45	45-60	60-75	75-115	115-160	75-115	115-150
書架スペース (33冊×m)	300	395-760	760-1090	1090-1515	1515-2120	2120-2725	1820-2425	2425-3335
CD用ラック (225枚/60×90cm)		5-7	7-10	10-13	13-17	17-25	15-20	20-30

付録 5

国際図書館連盟の宣言に関する最新情報

"公共図書館を機能させる 10 の方法　/　あなたの図書館を最新のものに更新する"

公共図書館の諸原則は，「ユネスコ公共図書館宣言　1994 年版」を基盤としている。この宣言は，公共図書館がしたがうべき一般的目標およびグローバルな情報へのユニバーサル・アクセス（広範に近づきうること）を提供するために開発整備されなければならない諸々のサービスを明らかにする一般的な基本的枠組みを述べるものである。

国際図書館連盟とユネスコは，上記の「ユネスコ公共図書館宣言」の実施を標準化するのに役立つ，図書館と地方自治体がガイドラインを必要としていることを理解している。国際図書館連盟の諸部門は，図書館サービスを改善するために，勧告やベストプラクティス，そして基準を含むいくつかのガイドラインを提供するべく，はたらいてきた。

最近の数年間を超えて，以下に掲げるいくつかのガイドラインが公表されている。

- 「国際図書館連盟 / ユネスコ公共図書館宣言」国際図書館連盟，1994.
  http://www.ifla.org/VII/s8/unesco/eng.htm
- 「公共図書館サービス：発展に向けての国際図書館連盟 / ユネスコガイドライン」国際図書館連盟刊行物 97 号，ミュンヘン（ドイツ），Saur 2001.
  ISBN 3-598-21827-3
  http://www.ifla.org/VII/s8/proj/publ97.pdf

2009年になって国際図書館連盟公共図書館部会は，公共図書館が1994年以降可能となった新たな技術を利用して21世紀にふさわしいサービスを実施できるように，上記宣言を補完する目的から，いくつかの追加的な勧告を行っている。

　現在の公共図書館が，インターネットとデジタルコンテンツ提供の世界を整備拡充するうえで，一定の適切な役割をになっているという信念を，あなた方と共有できることをわたしたちは願っている。わたしたちの身につけているスキルは継続的に充実させ向上させなければならないが，これから数年間の技術の発展に加えて，公共図書館とその役割遂行の成功の程度いかんが新たなグローバル・コミュニティへの扉を開く鍵として，決定的な意味をもつと，わたしたちは信じている。

　わたしたちは'勇敢'でなければならず，現在の図書館サービスを改善するための新しい考え方を提示しなければならない。

1. 公共図書館の建物を，たんなる知識を切り売りする物理的な店舗としてではなく，コミュニティと文化に仕える空間としてのアクセントをもって整備しなければならない。
2. 現在の各種図書館サービスをワールドワイドウェブ，そしてWeb 2.0を利用して柔軟に検討を加えるとともに，Web 3.0さらに4.0を見通して考えなければならない。
3. 必要とされる場合には，そこかしこの地域社会を結びつけ，人々を教育し，訓練の場を与えなければならない。ライブラリアンたちやインフォメーション・サイエンティストたちは教育者として，また個人的な知識修得の助言者として活動しうるものであるが，ただの知的世界への扉の鍵の管理人でも，またインターネットの入口を守る門番でもない。
4. ウェブ上に国際的な文化的な経路を創設することにより，'世界規模の知恵'，すなわちグローバルな知識と理解を開発しなければならない。
5. ありとあらゆる文化を尊重する一方，障害の除去と検閲の廃止を国際的に

働きかける必要がある。
6. 図書館職員を支援し，先を見通して行動するように，継続的な研修と刺激を与え続ける必要がある。
7. 現在のデジタル化されたコレクションを用いたサービスと知識，それを提供するいわゆるハイブリッド・ライブラリーが提供する知識，教育および多様な形態の情報を整備しなければならない。
8. とりわけ視覚障害をもつ利用者に対して，図書館に備えられている種々の目録と各種データベースの利用可能性を改善しなければならない。
9. インターネット環境に関する国内的な，また国際的な諸基準を確立する必要がある。
10. 文化の貯蔵庫である公共図書館，それは'記録化された'環境であるとともに'ライブの'環境でもある。公文書館，博物館，図書館そして文化は結びつけられるものである。結果的に，'蜂の巣状構造の図書館'を目指すことになる。

国際図書館連盟公共図書館部会，2009年記す。

付録6

クイーンズランド州の公共図書館に対する基準とガイドライン

http://www.slq.qld.gov.au/info/publib/policy/guidelines

1. 図書館マネジメント基準

　地域社会に対して，公平で，費用効率が高く，効率のよい図書館サービスを提供すること。

2. スタッフ・人材の配置基準

　各地方自治体全域においてサービス提供の一貫性を保証するために，全体的な人材配置と有資格者の職員のレベルについて必要最低限のものを提供すること。（2008年5月改訂）

3. サービス運用の基準

　図書館が提供する図書館施設，サービス，コレクションに地域社会が効果的にアクセスすることを可能とするような，必要最小限のサービス運用のための基準とガイドラインを示すこと。（2009年8月改訂）

4. 図書館建造物の基準

　地域社会の固有のニーズに対応する物理的な図書館設備を発展させるための基準とガイドラインを示すこと。図書館の建物は，魅力的で，効率性，持続可能性，アクセスしやすさ，機能性，柔軟性をそなえるように設計されるべきである。（2009年10月改訂）

5. 移動図書館の基準

　特別にデザインされ，装備された乗り物で提供される公共図書館サービスのための基準とガイドラインを示すこと。移動図書館は，地域の図書館へ容易にアクセスできない利用者へと図書館サービスを拡張する。（2009年6月改訂）

6. 図書館コレクションの基準

　地域社会の情報，教育，レクリエーション，文化的ニーズに対応し，生涯学習の発展を手助けするような図書館コレクションの管理と発展のための基準とガイドラインを示すこと。（2009年6月改訂）

7. 図書館間相互貸借の基準

　地方の地域社会が，オーストラリア国内の他の図書館の所蔵資料や情報サービスのためのコレクションにアクセスするのを容易にすること。

8. 地域研究のためのコレクションの基準

　地方の地域社会の歴史的な発展を記録したコレクションへのアクセスを維持し，提供すること。

9. レファレンスサービス基準

　地域社会への効果的なレファレンスサービス・情報サービスの提供，コレクション，これらのサービスをサポートするために最適な資源の管理のための基準とガイドラインを示すこと。

10. 特定の分野に精通した職員によるサービスの基準

　以下の小区分について，公共図書館部門において可能な範囲での専門化に取り組んでいる。彼らは，識字能力（読み書きの能力）の問題や，英語以外の言語を読み，話す人々へのサービスに焦点をあてて取り組んでおり，これに加えて，障害のある人，若い人々，オーストラリアの先住民族へのサービスにも取り組

んでいる。
　国籍や身元未確認のグループを含むさまざまなコミュニティによって，それぞれ異なる重要視される点に対応するため，専門化についての検討は，包括的な公平さの原則と，日常的に利用されるアクセスとあわせて，資源の社会主流化，スキルの多様化の文脈の中で考えられるべきである。

10.1　リテラシーサービス基準
　確認されたリテラシーニーズをもった地域社会のメンバーのためのプログラムを促進し，援助すること。

10.2　多文化サービス基準
　クイーンズランド州の文化的に，言語学的に異なるコミュニティのために，公平なアクセスを提供し，参加を促し，コミュニティの団結を育てるような，図書館の多文化サービスを発展させるための基準とガイドラインを示す。(2008年7月改訂)

10.3　障害者サービス基準
　障害のある人々にバリアフリーアクセスを提供し，コミュニティに参加し，一体となることを促す図書館サービスと，図書館コレクションを発展させるための基準とガイドラインを示す。(2009年4月改訂)

10.4　若い人々へのサービス基準
　図書館における若い人々へのサービスのための基準とガイドラインを示す。(2009年4月改訂)

10.5　アボリジニとトレス諸島民への図書館サービスの基準
　図書館と情報リテラシーを推進し，公共図書館サービスの発展に触媒作用を及ぼすため，アボリジニとトレス諸島民と，積極的に話し合い，協議すること。

基準の草稿は検討中である。

11. 技術的基準
　最適なサービスが提供できるように公共図書館に不可欠の装置としての科学技術の効率的かつ効果的な利用のための枠組みを提供すること。要求に応じてすべての図書館，スタッフ，利用者に科学技術へのアクセスを提供すること。（2008年12月改訂）

12. リソース・ディスクリプション（資源を記述するための）基準
　書誌データ交換や，図書館資料の書誌コントロールを通じて，図書館コレクションにアクセスする枠組みを提供する。（2008年10月改訂）

13. 設備を共有する基準
　共有環境の中での公共図書館サービスの運営のための必要最低条件を提供する。（2008年12月改訂）
　施設共有の最も効率のよい手法のためのガイドラインとツールキット（2008年12月）

14. カントリーレンディングサービスのための基準
　カントリーレンディングサービスにおける図書館運営のための基礎的要件は，地方自治体とクイーンズランド州図書館委員会の参加者の間で合意された「カントリーレンディングサービス協定」によって規定されている。この協定は両団体双方の義務についての概要を述べている。以下の基準は，協定の総則に基づいている。（2004年7月改訂）

付録1　書誌
付録2　オーストラリア図書館協会　ALIA政策綱領

参考文献
General IFLA Resource List

IFLA manifestos

IFLA. (1995). *IFLA/UNESCO Public Library Manifesto*, The Hague: IFLA. (http://www.ifla.org/VII/s8/unesco/manif.htm)

IFLA. (1999). *IFLA/UNESCO School Library Manifesto*. (http://www.ifla.org/en/publications/iflaunesco-school-library-manifesto-1999)

IFLA. (2002). *The IFLA Internet Manifesto*. (http://www.ifla.org/publications/the-ifla-internet-manifesto)

IFLA standards and guidelines

Cylke, F., Byrne, W., Fiddler, H., Zharkov, S.S., and IFLA Section of Libraries for the Blind, Standards Development Committee. (1983). *Approved recommendations on working out national standards of library services for the blind*. The Hague: IFLA, 1983.

Day, J.M., and IFLA Section for Libraries Serving Disadvantaged Persons. (2000). *Guidelines for library services to deaf people*, 2nd ed. Professional report #62. The Hague: IFLA.

IFLA Libraries for Children and Young Adults Section. (2003). *Guidelines for Children's Libraries Services*. The Hague: IFLA. (http://www.ifla.org/en/publications/guidelines-for-childrens-library-services)

IFLA Libraries for Children and Young Adults Section. (2007). T*he Guidelines for Library Services to Babies and Toddlers*. The Hague: IFLA.

(http://archive.ifla.org/VII/d3/pub/Profrep100.pdf)

IFLA Section for Library Services to Multicultural Populations. (2009). *Multicultural communities: guidelines for library services*, 3rd ed. The Hague: IFLA. (http://www.ifla.org/en/publications/multicultural-communities-guidelines-for-library-services-3rd-edition)

IFLA Section of Public Libraries. (1998). *The public library as the gateway to the information society: the revision of the IFLA guidelines for public libraries, proceedings of the IFLA/UNESCO Pre-Conference Seminar on Public Libraries*, 1997. The Hague: IFLA.

Kavanaugh, R., Sköld, B.C., and IFLA Section of Libraries Serving Persons with Print Disabilities. (2005). *Libraries for the blind in the information age : Guidelines for development*. The Hague: IFLA. (http://www.ifla.org/en/publications/ifla-professional-reports-86)

Lehmann, V., Locke, J., and IFLA Section for Libraries Serving Disadvantaged Persons. (2005). *Guidelines for library services to prisoners*, 3rd ed. Professional report #34. The Hague: IFLA. (http://archive.ifla.org/VII/s9/nd1/iflapr-92.pdf)

Muller, P., Chew, I., and IFLA Section of Libraries for Children and Young Adults. (2008). *Guidelines for Library Services for Young Adults* The Hague: IFLA. (http://www.ifla.org/en/publications/revised-guidelines-for-library-services-for-young-adults) ch 3

Nielsen, G. S., Irvall, B., and IFLA Section of Libraries for Disadvantaged Persons. (2001). *Guidelines for library services to persons with dyslexia*. The Hague: IFLA. (http://archive.ifla.org/IV/ifla72/papers/101-Nielsen-en.pdf)

Panella, N.M., and IFLA Section for Libraries Serving Disadvantaged Persons. (2000). *Guidelines for libraries serving hospital patients and the elderly and disabled in long-term care facilities*. Professional report #61. The Hague: IFLA. (http://archive.ifla.org/VII/s9/nd1/iflapr-61e.pdf)

Pestell, R., and IFLA Mobile Libraries Round Table. (1991). *Mobile library guidelines*. Professional report #28. The Hague: IFLA.

IFLA reports

IFLA. (n.d.) *The IFLA/UNESCO Multicultural Library Manifesto*. (http://www.ifla.org/en/publications/iflaunesco-multicultural-library-manifesto)

IFLA. (n.d.) *Professional codes of ethics for librarians*. (http://www.ifla.org/en/faife/professional-codes-of-ethics-for-librarians)

IFLA Public Libraries Section. (n.d.) *Acts on library services*. (http://www.ifla.org/V/cdoc/acts.htm)

IFLA Public Libraries Section. (2008). *Meeting User Needs: A checklist for best practice produced by section 8 – public libraries section of IFLA*. (http://www.ifla.org/VII/s8/proj/Mtg_UN-Checklist.pdf)

IFLA Section for Public Libraries. (2003) *The Role of Libraries in Lifelong Learning. Final report of the IFLA project under the Section of Public Libraries* (http://www.ifla.org/en/publications/the-role-of-libraries-in-lifelong-learning)

IFLA Section of School Libraries and Resource Centers. (2002). *The IFLA/ UNESCO School Library Guidelines 2002*. (http://www.ifla.org/en/publications/the-iflaunesco-school-library-guidelines-2002)

Yarrow, A., Clubb, B., Draper, J., and IFLA Public Libraries Section. (2008). *Public Libraries, Archives and Museums: Trends in Collaboration and Cooperation*. Professional reports, #108. The Hague: IFLA. (http://www.ifla.org/en/publications/ifla-professional-reports-108)

訳者あとがき

　この翻訳書は，クリスティー・クーンツ（Kristie Koontz）とバーバラ・グビン（Barbara Gubbin）の編集による 2010 年に刊行された『国際図書館連盟が定める公共図書館サービスガイドライン　全面改訂第 2 版』（IFLA Public Library Service Guidelines 2nd, completely revised edition）を原書としている。クーンツは，現在，フロリダ州立大学情報学部の教員を務め，イギリスで学んだグビンは同じくフロリダのジャクソンビル公共図書館の館長の職にある。2001 年に発行された原書初版は，当時はウォリックシャー・カウンティ・ライブラリーの館長をしていたフィリップ・ギル（Philip Gill）を中心とする国際図書館連盟公共図書館分科会ワーキング・グループによって編集されたものであり，それを『理想の公共図書館サービスのために：IFLA/UNESCO ガイドライン』（日本図書館協会，2003）というタイトルを付してわたしが訳し，公刊している。

　21 世紀に入ってすでに 15 年が過ぎようとしており，インターネットに代表されるデジタル化，ネットワーク化が社会のありようを大きく変化させている。公共図書館もまた未曾有の変革期の真っただ中にある。そのサービスは，一方でサイバースペースに深く乗り出し，また一方で地縁的なコミュニティとのつながりをあらためて再確認しつつある。しかし，日本も含め，世界のほとんどすべての国々において，公的サービスの原資である財源は窮屈になるばかりである。このような時期に原書初版の内容を時宜にかなうものへとアップデートした本書改訂第 2 版では，新たに独立して'公共図書館のマーケティング'という第 7 章を立てている。現代に生きるわたしたち個々人も，民間の組織団体もそうであるが，公共図書館もまた，たんなる読書施設にとどまるのではなく，主体的に（潜在的）利用者が住む地域社会とかかわり，コミュニティ・ニーズに見合い，またそれを先取りする能動的活動を求められているのである。

近年の日本の大学教師は，増大する授業時間，学内外の会議や雑用などで精神的にも肉体的にもほとんど余裕がない。わたしもまた同じである。本書の翻訳はわたしひとりで出来上がったものではなく，元国立国会図書館の竹内ひとみさんたちの支援とプレッシャーがなければ刊行にこぎつけられなかった。また，初版同様，日本図書館協会の編集部の内池有里さんのじょうずな督促と励ましも本書公刊の大きな要因となった。謝意を述べておきたい。

　2015 年 11 月

山本　順一

索 引

● 和文索引

【あ行】

アイルランド　67, 76
アウトリーチサービス　57, 62, 90, 92, 170
アジア図書館サービス課　31
アストラカン地域児童図書館（ロシア）　20
アドボカシー　138
アペルドールン市（オランダ）　74
アマゾナス州（ベネズエラ）　19, 26
アメリカ合衆国　19, 20, 22, 24, 26, 27, 33, 35, 37, 44, 48, 50, 53, 63, 65, 67, 70, 71, 74, 78, 83, 87, 109, 112, 114, 117, 134, 141, 142, 156, 161
アメリカ公共図書館地理データベース　156
アメリカ図書館協会　78, 124
アメリカマーケティング協会　159
アリゾナ州（アメリカ）　70
アルゼンチン　43
アルバータ州（カナダ）　142
アルハンゲルスク地域科学図書館（ロシア）　31
アルメニア　46
イエリング中央図書館（デンマーク）　36
イギリス　35, 70, 71, 78, 86, 91, 96, 109, 141, 177
イタリア憲法　46
移動情報館　34
移動図書館　33, 34, 71, 117, 177

IFLA　→国際図書館連盟
『IFLA ヤングアダルトに対する図書館サービスのためのガイドライン』　→『国際図書館連盟ヤングアダルトに対する図書館サービスのためのガイドライン』
『IFLA/UNESCO 公共図書館宣言』　→『国際図書館連盟／ユネスコ公共図書館宣言』
イリノイ大学（アメリカ）　161
イングランド　19, 76
インターネット・パブリック・ライブラリー　105
インディアナ州（アメリカ）　142
インド　31, 140, 141, 159
インドネシア　74
ヴァイレ（デンマーク）　116
ウィキペディア　31
ウェストミッドランズ地域（イギリス）　70
ウェブジャンクション　123, 156
ウガンダ　22
ウラジーミル州地域一般科学図書館（ロシア）　49
エイズ啓蒙プログラム　23
栄養教室　24
エクストレマドゥラ（スペイン）　20
エストニア　22
エストニア公共図書館法　42
エセックス・カウンティ・ライブラリー（イギリス）　70
エチオピア　35, 74
遠隔学習　67, 71

「沿岸地域の諸文化」 26
エントレッセ図書館（フィンランド） 27
エントレリブロス 20
欧州図書館・情報・ドキュメンテーション協会連合 46
欧州評議会 46
オクラホマ州（アメリカ） 67
オーストラリア 20, 22, 26, 31, 34, 37, 42, 48, 49, 52, 54, 63, 65, 92, 112, 113, 114, 117, 140
オーストラリア図書館情報協会 29, 123
オスロ公共図書館（ノルウェー） 73
オーデンセ大学病院情報センター（デンマーク） 72
オハイオ州（アメリカ） 142
オハイオ図書館評議会（アメリカ） 156
オファリイ県図書館（アイルランド） 76
オムスク州（ロシア） 25
オムスク市立図書館中央システム（ロシア） 64
オランダ 63, 74
オン・ザ・ジョブ・トレーニング 122
オンタリオ州（カナダ） 92
「オンタリオ州公共図書館ガイドライン」 180-182

【か行】
開館時間 90, 177
海浜図書館 74
学習資料センター 67
学習センター 35
家系図 22
カセレス公共図書館（スペイン） 32
カタルーニャ州（スペイン） 34, 43, 73
カタロニア放送大学（スペイン） 20
カナダ 92, 113, 140, 142
カリフォルニア州（アメリカ） 19, 22, 50, 109, 142
カレリア共和国国立図書館（ロシア） 31
カンザス州ジョンソン郡（アメリカ） 63
患者向け図書館 72
管理・運営 136
キャリア形成 131
求人リスト 22
キューバ 31
郷土史コレクション 30
クイーンズバラ公共図書館（アメリカ） 20, 50
クイーンズランド州（オーストラリア） 17, 20, 49, 63, 65, 92, 112, 113, 114, 117, 123, 189
「クイーンズランド州の公共図書館に対する基準とガイドライン」 13, 123, 187-190
クイーンズランド州立図書館（オーストラリア） 31, 42, 49, 52, 54
「クイーンズランド州公共図書館のためのガイドラインと基準」 17
クライストチャーチ市立図書館（ニュージーランド） 78
グラスゴー市（イギリス） 77, 78
クランドル公共図書館（アメリカ） 24
グリーンフィールド公共図書館（アメリカ） 134
グリーンライブラリー 12, 140, 141, 153
グレンフォールズ（アメリカ） 24
クロアチア共和国 26, 73
ケニヤ 74
ケメロボ市立中央図書館（ロシア） 49
ケメロボ中央図書館システム（ロシア） 32
権限の委任 146
健康情報センター 24
健康推進キャンペーン 24
研修 130

ケンブリッジ大学図書館（イギリス）　109
公共貸与権　47, 48
「公共図書館が地域社会を建設する」　37
公共図書館の中核的目的　18
公共図書館の定義　16
公共図書館の有料化　51
公共図書館立法　44, 45
国際図書館連盟　11, 13, 128
「国際図書館連盟宣言　2009 年」　13
国際図書館連盟の情報に関する自由なアクセスに関する宣言　103
国際図書館連盟の宣言に関する最新情報　184-186
『国際図書館連盟ヤングアダルトに対する図書館サービスのためのガイドライン』　65, 113
『国際図書館連盟／ユネスコ公共図書館宣言』　16, 18, 21, 23, 24, 28, 41, 51, 57, 84, 101, 103, 122, 136, 167-170
国立図書館　83
「子どもたちの本の世界」　64
コペンハーゲン公共図書館（デンマーク）　20
コペンハーゲン図書館（デンマーク）　76
コミュニティ情報　30
コリング（デンマーク）　36
ゴールドコースト（オーストラリア）　20, 22, 26, 34
コロンビア　45, 69, 74, 76
コンフェナルコ公共図書館（コロンビア）　69, 76

【さ行】

財源　50, 144
財務管理　143
サイン　94
サウスダブリン・カウンティ図書館局（アイルランド）　67
サービスポイント　89, 111, 112, 117
サービス利用者　57
サンタモニカ（アメリカ）　142
サンチアゴ（チリ）　73
サンノゼ中央図書館（アメリカ）　19
サンフランシスコ（アメリカ）　22
サンフランシスコ参加型・体験型科学博物館　50
支援的職員　124, 127
シカゴ公共図書館財団（アメリカ）　53
識字能力　18, 19, 24, 75, 76, 84, 188
資金調達　48, 52, 169, 137, 160, 163, 164
資源共有　83, 85
市場細分化　157
市場調査　155
市場評価　161
詩人の集まる場所　31
自動車図書館　→移動図書館
児童保健局　62
社会センター　35, 68
ジャクソンビル公共図書館システム（アメリカ）　33
シャーロット・メクレンバーグ公共図書館（アメリカ）　27
就職情報センター　24
集団聴取セミナー　24
宿題支援クラブ　20, 63, 65
障害をもつアメリカ人法　71
生涯学習　66
障害者差別禁止法　71
小規模ビジネス　22
「少数派の ABC」　25
情報キオスク　22
情報公開　103

情報公開法　28
情報リテラシー　18, 62, 77, 78, 82, 189
常用利用者　57
「書架に並ぶ科学」　50
除籍率　115, 116
資料コレクション管理基本方針　102
資料コレクションに関する基準　112
資料コレクションの構築　108, 114
シンガポール　19, 31, 63, 65, 76, 82, 90, 96
新規受け入れ率　115, 116, 117
人事管理　144
「人生に役立つ図書館」　32
人的資源　122, 151
ストーリーテリング　62, 63, 74
「素晴らしい記憶」　31
スペイン　20, 32, 34, 43, 53, 73, 77, 92, 105, 162
スペイン市民戦争　31
スペシャリスト　124, 127
SWOT分析　148
青少年クラブ　24
世界人権宣言　103
セーフティネット　86
全国情報技術・遠距離通信庁　83
潜在的な利用者地域住民　58, 71
宣伝広告活動　162
全米人文科学基金　67
ソーシャルネットワーキングサービス　61
ソーシャルメディア　31, 160, 163
村落図書館　31

【た行】
第10図書館　27
多文化図書館　27
ダラス（アメリカ）　22
タラント・カウンティ・ライブラリー（アメリカ）　105
タルラゴナ（スペイン）　53
タワーハムレッツ図書館（イギリス）　96
タンザニア　22
タンパ＝ヒルズボロ郡公共図書館（アメリカ）　78
地域社会の応接間　27
地域社会のニーズ　148, 149
地域図書館コンソーシアム協会　42
チェコ共和国　47
知的自由、図書館資料コレクションへの自由なアクセスに関する諸宣言　103
地方自治行政法　46
チャールズ・カミングズ・ニュージャージー情報センター（アメリカ）　26
中国　78
著作権　47
著作権法　119
チリ　34, 73
定額交付金　51
ディネス・グプタ　159
テキサス州（アメリカ）　19, 22, 105
テクニカルサービス　126
テクノ・エクスポ　22
テクノロジーセンター　34
デジタル格差　14
デジタルコレクション　118
デジタル学習資料リポジトリ（RODA）　32
デラウェア州立図書館（アメリカ）　87
電子政府　43, 44
電子的情報設備装置に関する基準　113
電子ネットワーク　58, 86
電子メディア　62, 68
デンマーク　20, 27, 29, 36, 47, 63, 69, 72, 76, 83, 86, 88, 116
デンマーク図書館法　83

ドイツ 35, 65, 140
トゥルク中央図書館（フィンランド） 35
読者相談サービス 61
特殊コレクション 118
読書療法 73
図書館委員会 53, 63, 165
図書館間相互貸借制度 111, 114, 118
図書館憲章 54
図書館建築 35, 90, 180
図書館建築に関する基準 180
図書館職員の配置基準 129
図書館船 34, 71, 74
図書館友の会 82, 160, 163
図書館長 53, 54, 90
図書館ネットワーク 142, 169
「図書館の建物：建築学、設計、空間の構成」 36
図書館理事会 53
図書館立法 45, 60
図書館利用教育 58
図書館利用習慣 62
「図書館は民主主義を育てる温室」 29
トンボール（アメリカ） 19

【な行】
21世紀的建築構造物 35
21世紀的公共図書館 36
「23の注意事項」 27
日本 140
ニューアーク公共図書館（アメリカ） 26
ニューアーク市（アメリカ） 109
ニュージャージー州（アメリカ） 26, 83, 109
ニュージャージー州立図書館（アメリカ） 44
ニュージーランド 78, 141
ニューヨーク州（アメリカ） 20, 24, 50

ネットミュージック 88
ネット録音図書 88
農村音声図書館 23
農村多目的コミュニティ・テレセンター 22
ノースキャロライナ州（アメリカ） 27
ノボーラルスク（ロシア） 25
ノボーラルスク公共図書館（ロシア） 73
ノルウェー 20, 73, 74

【は行】
パサデナ市（アメリカ） 109
バージニア州（アメリカ） 74
パスコ公共図書館協同組合（アメリカ） 44
バダロナ・カン・カサクベルタ図書館（スペイン） 105
バッキンガムシャー州立図書館（イギリス） 177
バッキンガムシャー州立図書館図書館サービスに関する利用者憲章 177-179
パフォーマンス指標 150, 152
パブリックサービス 126
バーミンガム中央図書館（イギリス） 78
「ハメーウィキ」 31
ハメーンリンナ市立図書館（フィンランド） 31
ハリス・カウンティ図書館（アメリカ） 19
バルセロナ（スペイン） 31
バルセロナ公共図書館基準 183
バルセロナ州（スペイン） 20, 92
万国著作権条約 103
ハンブルク（ドイツ） 65
ビブリオバス 34, 35
ビル・アンド・メリンダ・ゲイツ財団 78
FINRA投資家教育財団 78
フィンランド 17, 27, 31, 34, 35, 54
フィンランド図書館法 45, 171-174, 175

フィンランド図書館令　174-176
ブカレスト（ルーマニア）　62
武漢地区（中国）　78
プスコフ州中央図書館システム（ロシア）　25
ブラジル　45
フランス　62
プリンスウィリアム郡（アメリカ）　74
ブルックリン子ども博物館（アメリカ）　50
プロモーション（販売促進）計画　159
フロリダ州（アメリカ）　33, 44, 78, 112, 113, 114, 117, 130
文化振興センター　31
文献利用教育　23
ベニン　22
ヘーニング市（デンマーク）　29
ベネズエラ　19, 24, 26, 45
ヘーバリル公共図書館（アメリカ）　65
ペルー　74
ヘルシンキ市立図書館（フィンランド）　27
法定納本　46
北欧諸国　63
母子クラブ　24
母子健康センター　63
ホーセンス（デンマーク）　69
ポータルサイト　31, 36, 69, 160
ボツワナ　30
ボランティア　62, 70, 76, 134, 143, 148
ボリビア　24
ポルトガル　73

【ま行】
マクロ環境　147
マーケティング　125, 155
マーケティングミックス　157, 158
マサチューセッツ州（アメリカ）　65, 134

「マサチューセッツ州におけるヤングアダルトを対象とする公共図書館サービスに関する基準」　65
マナサス市（アメリカ）　74
マリ　22, 23
マルチサービスセンター　34
マルチメディア資料　33, 62
ミクロ環境　147
ミッションステートメント　139
南アフリカ　19, 22, 74, 78, 141
南アフリカ共和国憲法　45
「未来の児童図書館整備に向けての十戒」　63
ムプマランガ州（南アフリカ）　78
メキシコ　45
メデジン（コロンビア）　69, 76
メンフィス（アメリカ）　22
モザンビーク　22
モスクワ（ロシア）　64
モペット　74

【や行】
ユニバーサルアクセス　29, 184
「ユネスコ公共図書館宣言」　184
読み聞かせ　62, 63
予約サービス　61
ヨーロッパ地域振興基金　70

【ら行】
ライブラリーアシスタント　124, 127
ライブラリアン　124, 128, 129
ライブラリースクール　129
ラパヴィルタ（フィンランド）　34
リーダーシップ　123, 136, 137
リメリック県図書館（アイルランド）　76
リモートアクセス　81, 87
利用者　57

利用者憲章　177
利用者地域住民　57, 58, 59, 60, 61, 68, 69, 76, 79, 80, 81, 82, 87, 139
利用者評議会　102
倫理綱領　128
ルーマニア　62
レファレンスサービス　61, 65, 88, 95, 157, 188
労働条件　132
「ロシアの文化」　32
ロシア連邦　20, 25, 31, 32, 35, 42, 46, 49, 64, 73, 102
ロシア連邦国家図書館　32
ロシア連邦図書館協会　36
ロバ　35, 74
ロビイング　164
ロンドン（英国）　24, 96

【わ行】

「若者たちの夢の図書館」　63
「私は答えを調査中」　25
ワンズワース・ロンドン特別区（イギリス）　76

● **数字・欧文索引**

【数字】

21st century architecture　35
21st century public library　36
23 'Things'　27

【A】

ABC of 'neformal'　25
acquisition rates　115, 116, 117
advocacy　138
AIDS awareness programmes　23

Alberta (Canada)　142
Amazonas State (Venezuela)　19, 26
American Library Association　78, 124
American Marketing Association　159
Americans with Disabilities Act　71
Apeldoorn (Netherlands)　74
Argentina　43
Arizona (USA)　70
Arkhangelsk Regional Scientific Library (Russia)　31
Armenia　46
Asian Library Services Unit　31
Association of Regional Library Consortium (ARBICON)　42
Astrakhan Regional Children's Library (Russia)　20
Australia　20, 22, 26, 31, 34, 37, 42, 48, 49, 52, 54, 63, 65, 92, 112, 113, 114, 117, 140
Australian Library and Information Association　29, 123

【B】

Badalona Can Casacuberta Library (Spain)　105
Barcelona (Spain)　20, 31, 92
beach libraries　74
Benin　22
bibliobus　34, 35
bibliographic instruction　23
bibliotherapy　73
Biblo Vita　32
Bill and Melinda Gates Foundation　78
Birmingham Central Library (UK)　78
block grants　51
Bolivia　24
book boats　34, 71, 74
Botswana　30

Brazil 45
Brooklyn Children's Museum (USA) 50
Bucharest (Romania) 62
Buckinghamshire County Library (UK) 177
Buckinghamshire County Library, Library Service Customer Charter 177-179

【C】
Caceres Public Library (Spain) 32
California (USA) 19, 22, 50, 109, 142
Cambridge University Library (UK) 109
Canada 92, 113, 140, 142
career development 131
Catalonia (Spain) 34, 43, 73
Central Library in San Jose (USA) 19
Centralised System of Municipal Libraries in Omsk (Russia) 64
Centralized Library System Kemerovo (Russia) 32
Centralized Library System of Pskov (Russia) 25
centres for the promotion of culture 31
CePSE 43
charging the customer 51
Charles Cummings New Jersey Information Center (USA) 26
Chicago Public Library Foundation (USA) 53
chief librarian 53, 54, 90
Chile 34, 73
China 78
Christchurch City Libraries (New Zealand) 78
civil war in Spain 31
classes in nutrition 24
client 57
code of ethics 128
collection development 108, 114

collection management policy 102
collective listening sessions 24
Colombia 45, 69, 74, 76
community information 30
community needs 148, 149
Confenalco Public Library (Columbia) 69, 76
Constitution of the Republic of South Africa 45
Copenhagen Public Library (Denmark) 20
copyright 47
copyright laws 119
core purpose for the public library 18
Council of Europe 46
council of readers 102
Crandall Public Library (USA) 24
Cuba 31
Culture of Russia 32
Culture on the Coast 26
customer 57, 58, 59, 60, 61, 68, 69, 76, 79, 80, 81, 82, 87, 139
customer charter 177
Czech Republic 47

【D】
Dallas (USA) 22
Danish Library Act 83
Declaration of Human Rights 103
Delaware State Library (USA) 87
delegation 146
Denmark 20, 27, 29, 36, 47, 63, 69, 72, 76, 83, 86, 88, 116
deselection rates 115, 116
defining the public library 16
digital collection 118
digital divide 14
Dinesh Gupta 159

Diptacio de Barcelona Library Service   183
Disability Discrimination Act   71
distance learning   67, 71
donkeys   35, 74
drawing room of the community   27

[E]

E-Government   43, 44
electronic media   62, 68
electronic networks   58, 86
employment information centres   24
England   19, 76
Entrelibros   20
Entresse Library (Finland)   27
Essex County Library (UK)   70
Estonia   22
Estonian Public Library Act   42
Ethiopia   35, 74
European Bureau of Library, Information and Documentation Associations (EBLIDA)   46
European Regional Development Fund   70
Extremadura (Spain)   20

[F]

financial management   143
Finland   17, 27, 31, 34, 35, 54
Finnish Library Act   45, 171-174, 175
Finnish Library Degree   174-176
Florida (USA)   33, 44, 78, 112, 113, 114, 117, 130
France   62
freedom of information   103
Freedom of Information Act   28
friends of the library   82, 160, 163
funding   48, 52, 169, 137, 160, 163, 164

[G]

genealogy   22
Germany   35, 65, 140
Glasgow (UK)   77, 78
Glen Falls (USA)   24
Gold Coast (Australia)   20, 22, 26, 34
green libraries   140, 141, 153
Greenfield Public Library (USA)   134
Guidelines and Standards for Queensland Public Libraries   17

[H]

Hamburg (Germany)   65
Hämeenlinna city library (Finland)   31
Häme-Wiki   31
Harris County Library (USA)   19
Haverhill Public Library (USA)   65
health campaigns   24
Health Information Centre   24
Hearth Services for Children   62
Helsinki city library (Finland)   27
Herning City (Denmark)   29
Hjørring Central Library (Denmark)   36
homework club   20, 63, 65
Horsens (Denmark)   69
human resources   122, 151

[I]

I am looking for an answer   25
IFLA   → International Federation of Library Associations and Institutions
IFLA Guidelines for Library Services for Young Adults   65, 113
IFLA Manifesto 2009   13
IFLA Statement on freedom of access to information   103

IFLA/UNESCO Public Library Manifesto 1994　16, 18, 21, 23, 24, 28, 41, 51, 57, 84, 101, 103, 122, 136, 167-170
India　31, 140, 141, 159
Indiana (USA)　142
Indonesia　74
infomobile　34
Information Centre at Odense University Hospital (Denmark)　72
information kiosk　22
information literacy　18, 62, 77, 78, 82, 189
interlibrary loan system　111, 114, 118
International Federation of Library Associations and Institutions　11, 13, 128
Internet Public Library　105
Ireland　67, 76
Italian Constitution　46

【J・K】

Jacksonville Public Library System (USA)　33
Japan　140
job opportunities listing　22
Johnson County, Kansas (USA)　63
Kenya　74
Kolding (Denmark)　36

【L】

Law on Local Self-Government　46
leadership　123, 136, 137
learning centre　35
legal deposit copy　46
Leppävirta (Finland)　34
librarians　124, 128, 129
Libraries Building Communities　37
Libraries of Copenhagen (Denmark)　76
Library 10　27

library assistants　124, 127
library board　53
Library Building Standards　180
library buildings　35, 90, 180
Library buildings: architecture, design, organisation of space　36
library charter　54
library committee　53, 63, 165
library habit　62
library legislation　45, 60
library network　142, 169
Library of Kemerovo (Russia)　49
library use education　58
lifelong learning　66
Limerick County Libraries (Ireland)　76
literacy　18, 19, 24, 75, 76, 84, 188
lobbying　164
local history collections　30
London (UK)　24, 96

【M】

macro environment　147
Mali　22, 23
management　136
Manassas (USA)　74
marketing　125, 155
marketing evaluation　161
marketing mix　157, 158
marketing research　155
marketing segmentation　157
Massachusetts (USA)　65, 134
maternal and child health centre　63
Medellin (Columbia)　69, 76
Memoria viva　31
Memphis (USA)　22
Mexico　45

microenvironment 147
mission statements 139
mobile library 33, 34, 71, 117, 177
moped 74
Moscow (Russia) 64
mother and baby clubs 24
Mozambique 22
Mpumalanga (South Africa) 78
multicultural library 27
multimedia 33, 62
multi-service-centre 34

[N]
National Endowment for the Humanities 67
National IT and Telecom Agency 83
national library 83
National Library of the Republic of Karelia
 (Russia) 31
Netherlands 63, 74
Netlydbog 88
Netmusik 88
New Jersey State (USA) 26, 83, 109
New Jersey State Library (USA) 44
New York State (USA) 20, 24, 50
New Zealand 78, 141
Newark (USA) 109
Newark Pubic Library (USA) 26
Nordic countries 63
North Carolina (USA) 27
Norway 20, 73, 74
Novouralsk (Russia) 25

[O]
Offaly County Libraries (Ireland) 76
Ohio (USA) 142
Ohio Library Council (USA) 156

Oklahoma (USA) 67
Omsk (Russia) 25
on the job training 122
Ontario (Canada) 92
Ontario Public Library Guidelines 180-182
Open University in Catalonia (Spain) 20
opening hours 90, 177
Oslo Public Library (Norway) 73
outreach service 57, 62, 90, 92, 170

[P]
Pasadena (USA) 109
Pasco Public Library Cooperative (USA) 44
patient libraries 72
patron 57
performance indicators 150, 152
Peru 74
portal site 31, 36, 69, 160
Portugal 73
potential customers 58, 71
Prince William County (USA) 74
promotion plan 159
public lending right 47, 48
public library legislation 44, 45
Public Library of Charlotte & Mecklenberg
 (USA) 27
Public Library of Novouralask (Russia) 73
public relations 162
public service 126

[Q]
Queens Borough Public Library (USA) 20, 50
Queensland (Australia) 17, 20, 49, 63, 65, 92,
 112, 113, 114, 117, 123, 189
Queensland Standards and Guidelines for Public
 Libraries 13, 123, 187-190

【R】

read aloud 62, 63
readers' advisory services 61
reference service 61, 65, 88, 95, 157, 188
remote access 81, 87
Republic of Croatia 26, 73
reservation services 61
resource sharing 83, 85
RODA 32
Romania 62
Rural Audio Libraries 23
rural multi-purpose community telecentres 22
Russia 20, 25, 31, 32, 35, 42, 46, 49, 64, 73, 102
Russian Library Association 36
Russian State Library 32

【S】

safety-net 86
San Francisco (USA) 22
San Francisco Exploratorium (USA) 50
Santa Monica (USA) 142
Santiago (Chile) 73
schools of librarianship 129
Science in the Stacks 50
service outlet 89, 111, 112, 117
signage 94
Singapore 19, 31, 63, 65, 76, 82, 90, 96
small business 22
social centre 35, 68
social media 31, 160, 163
social networking services 61
sources of funding 50, 144
South Africa 19, 22, 74, 78, 141
South Dublin County Library Service (Ireland) 67

Spain 20, 32, 34, 43, 53, 73, 77, 92, 105, 162
special collections 118
specialist stuff 124, 127
staff management 144
staffing levels 129
standards for collections 112
standards for electronic information facilities 113
Standards for Public Library Services to Young Adults in Massachusetts 65
State Library of Queensland (Australia) 31, 42, 49, 52, 54
statements on intellectual freedom, free access to library collections 103
storytelling 62, 63, 74
support staff 124, 127
SWOT 148

【T】

Tampa-Hillsborough County Public Library (USA) 78
Tanzania 22
Tarragona (Spain) 53
Tarrant County library 105
technical service 126
Techno Expo 22
technology centres 34
Ten Commandments for the future children's library 63
Texas (USA) 19, 22, 105
The library as democratic hothouse 29
Tomball (USA) 19
Tower Hamlets Library (UK) 96
training 130
Turku main library (Finland) 35

[U]

Uganda 22
UK 35, 70, 71, 78, 86, 91, 96, 109, 141, 177
UNESCO Public Library Manifesto 184
universal access 29, 184
Universal Copyright Convention 103
University of Illinois (USA) 161
Update of IFLA Manifesto 184-186
US Public Library Geographic Databases 156
USA 19, 20, 22, 24, 26, 27, 33, 35, 37, 44, 48, 50, 53, 63, 65, 67, 70, 71, 74, 78, 83, 87, 109, 112, 114, 117, 134, 141, 142, 156, 161
user 57

[V]

Vajle (Denmark) 116
Venezuela 19, 24, 26, 45
venues for poets 31
Village Libraries 31
Virginia (USA) 74
Vladimirskaya Region Universal Scientific Library (Russia) 49
volunteer 62, 70, 76, 134, 143, 148

[W · Y]

Wansworth (UK) 76
WebJunction 123, 156
West Midlands region (UK) 70
Wikipedia 31
working conditions 132
World of Books for Kids 64
Wuhan area (China) 78
Young People's dream library 63
youth clubs 24

訳者紹介

●**監訳者**

山本　順一　　やまもと　じゅんいち
1949年10月，兵庫県生まれ。早稲田大学大学院政治学研究科博士課程（行政法専修）単位取得退学，図書館情報大学大学院修士課程修了。現在，桃山学院大学経営学部・経営学研究科教授，放送大学客員教授。図書館関係の著作は『新しい時代の図書館情報学』（編著，有斐閣，2013），『図書館概論：デジタルネットワーク社会に生きる市民の基礎知識』（ミネルヴァ書房，2015）など多数。

●**訳者**（執筆順）

竹内ひとみ　　たけうち　ひとみ
所属：実践女子大学非常勤講師，文教大学非常勤講師
担当：第1章

松井祐次郎　　まつい　ゆうじろう
所属：国立国会図書館
担当：第2章

佐藤久美子　　さとう　くみこ
所属：国立国会図書館
担当：第3章

奥田　倫子　おくだ　ともこ
所属：国立国会図書館
担当：第3章

清水茉有子　しみず　まゆこ
所属：国立国会図書館
担当：第4章

粟津沙耶香　あわつ　さやか
所属：元国立国会図書館
担当：第5章

小林　佳廉　こばやし　かれん
所属：明治大学大学院文学研究科博士前期課程
担当：第6章

IFLA公共図書館サービスガイドライン　第2版
－理想の公共図書館サービスのために

2016年1月25日　初版第1刷発行

定　価	本体1200円（税別）
編　者	クリスティー・クーンツ，バーバラ・グビン
監訳者	山本　順一
訳　者	竹内ひとみ，松井祐次郎，佐藤久美子，奥田倫子，清水茉有子，粟津沙耶香，小林佳廉
発　行	公益社団法人　日本図書館協会
	〒104-0033　東京都中央区新川1-11-14
	Tel 03-3523-0811　Fax 03-3523-0841
印　刷	㈲吉田製本工房　㈲マーリンクレイン

JLA201522　　　　　　　　　　　　　　　　　　　　Printed in Japan

本文の用紙は中性紙を使用しています。

ISBN978-4-8204-1513-8